Henriette Pire | Dr. Eveline Schwarz

Intensivtrainer B1
Aussichten

Kurs- und Selbstlernmaterial

Ernst Klett Sprachen
Stuttgart

1. Auflage 1 ⁵ ⁴ ³ | 2016 2015

© Ernst Klett Sprachen GmbH, Stuttgart 2013. Alle Rechte vorbehalten.

Internetadresse: www.klett-sprachen.de

Alle Drucke dieser Auflage sind unverändert und können im Unterricht nebeneinander verwendet werden. Die letzte Zahl bezeichnet das Jahr des Druckes. Das Werk und seine Teile sind urheberrechtlich geschützt. Jede Nutzung in anderen als den gesetzlich zugelassenen Fällen bedarf der vorherigen schriftlichen Einwilligung des Verlags. Hinweis zu § 52 a UrhG: Weder das Werk noch seine Teile dürfen ohne eine solche Einwilligung eingescannt und in ein Netzwerk eingestellt werden. Dies gilt auch für Intranets von Schulen und sonstigen Bildungseinrichtungen. Fotomechanische oder andere Wiedergabeverfahren nur mit Genehmigung des Verlags.

Autorinnen: Henriette Pire, Dr. Eveline Schwarz
Redaktion: Coleen Clement, Berlin
Herstellung: Claudia Stumpfe
Layout: Claudia Stumpfe
Satz: Regina Krawatzki, Stuttgart
Illustrationen: Vera Brüggemann, Bielefeld
Umschlaggestaltung: Silke Wewoda
Druck und Bindung: LCL Dystrybucja Sp. z o.o. • Printed in Poland

ISBN: 978-3-12-676233-5

Inhaltsverzeichnis

21	Plötzlich alles anders	4
22	Erst mal entspannen	14
23	Überzeugen Sie sich!	24
24	Der Ton macht die Musik	34
25	Zeigen Sie Initiative!	44
26	Passt das?	54
27	Aus Leidenschaft	64
28	Mit Respekt	74
29	Grenzen überwinden	84
30	Schöne Aussichten	94

Lösungen ___ 104

Die Symbole bedeuten:

→ KB 15 Die Übung bezieht sich auf diese Aufgabe im Kursbuch.

In dieser Aufgabe erfinden Sie für sich eine neue Identität.

21 Plötzlich alles anders

1 Gegensätze

Welche gegensätzlichen Begriffe passen? Schreiben Sie.

1. die Arbeit – _die R_____
2. die Gesundheit – _____
3. die Scheidung – _____
4. der Gewinn – _____
5. der Einzug – _____
6. der Tod – _____

2 Wendepunkte

a | Welche beiden Verben passen jeweils? Markieren Sie.

1. das Examen: versuchen | verlieren | machen
2. ein Kind: haben | bekommen | lachen
3. die Scheidung: leben | wollen | verlangen
4. in Rente: kommen | sein | gehen
5. (im) Lotto: spielen | gewinnen | hoffen

b | Ergänzen Sie die Sätze mit den Verben aus a.

1. ▪ _Machst_ du das Examen? ▫ Ja, ich _____ es nächste Woche.
2. ▪ _W_____ sie die Scheidung? ▫ Sie hat sie schon vor einem Jahr _____.
3. ▪ _____ ihr Kinder? ▫ Ja, zwei, und wir _____ bald ein drittes.
4. ▪ _____ er bald in Rente? ▫ Er _____ schon seit zwei Jahren in Rente!
5. ▪ _____ du Lotto? ▫ Ja, aber ich habe noch nie etwas _____.

3 Adjektive aus Nomen

Ergänzen Sie die fehlenden Buchstaben und die Adjektive.

1. Seine N _ u _ i _ r ist groß.   Er ist sehr _____.
2. Was für ein G _ ü _ k!   Da kannst du _____ sein!
3. Als Kind hatte er oft A _ g _ t.   Als Kind war er _____.
4. Das gibt Ä _ g _ r!   Das ist sehr _____.
5. Ihr Auto ist ihr ganzer S _ o _ z.   Sie ist sehr _____ auf ihr Auto.

4 Adjektive aus Verben

Lesen Sie die Sätze und überlegen Sie, wie die Partizip-Perfekt-Formen lauten. Ergänzen Sie die Adjektive. Achten Sie auf die Endungen.

... hat sich ... engagiert

1. Der Vater engagiert sich im Kindergarten. Der _____ Vater ist sehr beliebt.

2. Das Kind nervt die Mutter. Die _____ Mutter ist müde.

3. Die Eltern planen einen Ausflug. Der _____ Ausflug kostet viel Geld.

4. Das Kind verletzt sich. Das _____ Kind muss ins Krankenhaus.

5. Die Autofahrer regen sich auf. Der Polizist beruhigt die _____ Autofahrer.

6. Die Studenten langweilen sich. Die _____ Studenten sind unzufrieden.

→ KB 5-7

5 Mit oder ohne zu?

a | Lesen Sie die Sätze und streichen Sie *zu* durch, wenn es nicht passt.

Eva muss ins Krankenhaus. Ihr Mann Axel übernimmt den Haushalt.

1. Axel ist es nicht gewohnt, den Haushalt   zu   führen.
2. Am Montag muss er die Kinder zur Schule   zu   bringen.
3. Am Dienstag versucht er, einen Kuchen   zu   backen.
4. Am Mittwoch soll er mit dem Lehrer von Anna   zu   sprechen.
5. Am Donnerstag dürfen die Kinder Pommes frites   zu   essen.
6. Am Freitag freut er sich darauf, mit den Kindern ins Kino   zu   gehen.
7. Am Samstag vergisst er, die Wäsche   zu   waschen.
8. Doch er denkt daran, die Betten   zu   machen.
9. Am Sonntag freuen sich alle auf Eva, aber Axel hat es Spaß gemacht, sich einmal um alles   zu   kümmern.

b | Wo steht *zu*? Kreuzen Sie an.

a. bei Modalverben ☐   b. bei bestimmten Wendungen ☐

6 Ab morgen wird alles anders!

Schreiben Sie Sätze. Verwenden Sie den Infinitiv mit *zu*.

Stefan beschließt, sein Leben zu ändern.

1. planen | jeden Morgen Sport machen

   Er _____

2. Lust haben | jede Woche ins Kino und Theater gehen

   _____

3. es ihm wichtig sein | wieder mehr lesen

   _____

Aber schon nach zwei Wochen …

4. es ihm schwerfallen | früh aufstehen

   fällt es _____

5. es anstrengend finden | abends ausgehen

   findet er _____

6. keine Lust mehr haben | ein Buch in die Hand nehmen

   _____

7. sich entscheiden | wieder in sein altes Leben zurückkehren

   _____

7 Eine Liebeserklärung

Wie gehen die Sätze weiter? Ergänzen Sie.

> dich heiraten | mit dir zusammen sein | mir ein Geburtstagsgeschenk kaufen | ~~etwas mit mir unternehmen~~ | mich überraschen

1. Du hast immer Lust, *etwas mit mir zu unternehmen.*
2. Es ist schön, _____
3. Du versuchst oft, _____
4. Du vergisst nie, _____
5. Deshalb habe ich beschlossen, _____ !

8 Arbeiten sie selbst oder lassen sie arbeiten?

Ordnen Sie die Sätze den Bildern zu. Welches Bild passt nicht? Streichen Sie es durch.

1. Er lässt sich die Haare schneiden. | 2. Anna repariert ihr Auto. | 3. Sie putzt die Fenster.
4. Der Chef lässt die Fenster putzen. | 5. Er schneidet sich die Haare.

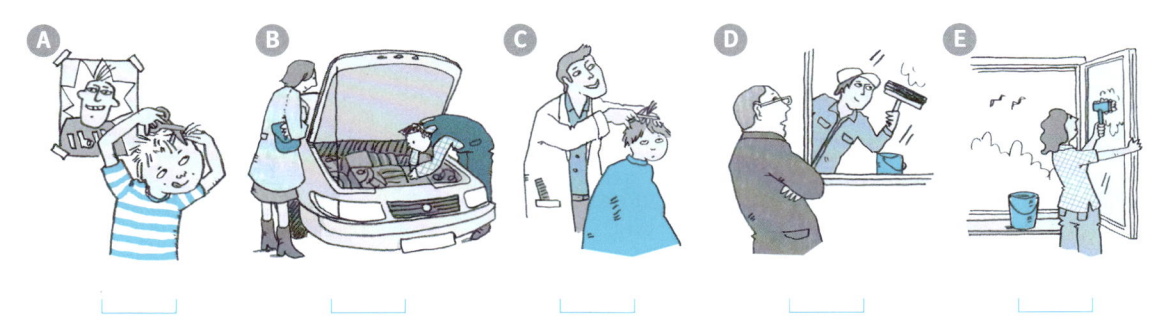

A   B   C   D   E

9 Das Ende einer Liebe

Verben mit Infinitiv: Ergänzen Sie die Sätze.

1. ▪ Bleib _stehen_, du gehst zu schnell! ▫ Es ist kalt! Ich möchte nicht _stehen bleiben_.
2. ▪ Geh _____, wenn du müde bist! ▫ Nein, ich kann noch nicht _____.
3. ▪ Lern doch _____, ich tanze so gern! ▫ Ich will aber nicht _____.
4. ▪ Lass dir die Haare _____! ▫ Ich? Du solltest sie dir _____.
5. ▪ Hörst du mich gern _____? ▫ Nein, du singst schrecklich.
6. ▪ Passen wir noch zusammen? Oder sollten wir uns _____ lassen?

10 Die ideale Schule

Prüfen Sie noch einmal: Wo steht *zu*, wo nicht?

Der ideale Lehrer soll selbst Interesse am Lernstoff ____ zeigen. Er kann die Schüler ____ motivieren und es ist ihm wichtig, faire Noten ____ geben. Er ist geduldig und es macht ihm Spaß, den Schülern ____ helfen. Aber er lässt sie auch viel allein ____ ausprobieren.

Die idealen Schüler vergessen nie, ihre Hausaufgaben ____ machen. Sie haben Lust, viel ____ lernen. Sie sollen pünktlich, höflich und aufmerksam ____ sein und sie lassen sich nicht von ihren Mitschülern vom Lernen ____ ablenken.

11 Sätze verbinden

Verbinden Sie die Sätze. Verwenden Sie dafür die zweiteiligen Konnektoren.

1. Der Kindergarten ist im Juli geöffnet. Er ist auch im August geöffnet. | sowohl … als auch

   Der Kindergarten ist

2. Amar ist Vegetarier. Er ist kein Fleisch und auch keinen Fisch. | weder … noch

   Amar isst

3. Wir haben zwei Möglichkeiten: Pizza bestellen oder Restaurant? | entweder … oder

   Entweder

4. Karin liest gern Romane. Und sie liest gern Comics. | sowohl … als auch

   Karin liest

5. Ich habe dafür keine Zeit. Geduld habe ich auch nicht. | weder … noch

   Ich habe dafür

12 Im Spielzeugladen

Ergänzen Sie *weder … noch, entweder … oder, nicht nur … sondern auch, und*.

1. Niklas: Papa, kann ich ein Polizeiauto und einen Lastwagen haben?

2. Vater: Nein, das ist zu viel. Du darfst dir _____ das Polizeiauto _____ den Lastwagen nehmen.

3. Niklas: Ich möchte aber das Polizeiauto _____ den Lastwagen!

4. Vater: Nein, das geht nicht. Das ist zu teuer. Du musst dich entscheiden.

5. Niklas: Aber ich kann mich nicht entscheiden. Ich will _____ das Polizeiauto und den Lastwagen _____ den Bagger!

6. Vater: Wenn du so nervst und so unvernünftig bist, bekommst du _____ das Polizeiauto _____ den Lastwagen.

7. Niklas: Und den Bagger?

13 Sätze legen

a | Schreiben Sie die Wörter auf Kärtchen und legen Sie Sätze. Welche Varianten gibt es?

1. ENTWEDER | ODER | SUCHEN | WIR | EINE TAGESMUTTER | WIR | EIN AU-PAIR | NEHMEN

2. WEDER | NOCH | VOLLZEIT ARBEITEN | KANN | ICH | ICH | MÖCHTE | ZU HAUSE BLEIBEN

ENTWEDER   SUCHEN

b | Schreiben Sie noch drei Kärtchen. In welchem Satz lassen sich die Konnektoren sinnvoll einsetzen?

NICHT NUR   SONDERN   AUCH

14 Bei der Behörde

Ergänzen Sie die Wörter aus dem Schüttelkasten in der richtigen Form und mit dem richtigen Artikel.

Dokument | Standesamt | Öffnungszeit | Unterlage | Behörde | Passbild | Anmeldung | Reisepass | Broschüre

1. Wir heiraten nur auf _____ _____.

2. _____ _____ sind leider sehr ungünstig.

3. Für _____ _____ brauchen Sie einen Personalausweis.

4. Ich muss noch _____ _____ für _____ neuen _____ machen lassen.

5. _____ _____ brauche ich für die Prüfung.

6. Ich brauche noch _____ wichtiges _____.

7. Deutsche _____ arbeiten sehr genau.

8. Alle wichtigen Informationen finden Sie in _____ _____.

15 Ein Anruf im Kindergarten

Lesen Sie die Anzeige und die Sätze. Ordnen Sie den Dialog.

Kindergarten Regenbogen hat noch Plätze frei!
Telefonnummer: 401 482 124

[1] ▪ Kindergarten Regenbogen, guten Tag.
[ ] ▪ Sie brauchen einen Meldeschein und die Geburtsurkunde.
[ ] ▪ Von 7 Uhr bis 18 Uhr.
[ ] ▪ 120 Euro im Monat.
[ ] ▪ Ja. Wie kann ich Ihnen helfen?
[ ] ▪ Dann bis morgen. Auf Wiederhören!

[ ] ▫ Ich möchte gern wissen, von wann bis wann der Kindergarten geöffnet hat.
[ ] ▫ Und wie hoch ist der Kindergartenbeitrag?
[ ] ▫ Guten Tag. Ich rufe wegen der Annonce an. Bin ich da bei Ihnen richtig?
[ ] ▫ Gut, ich komme morgen vorbei.
[ ] ▫ Okay. Ich möchte meinen Sohn anmelden. Was brauche ich dafür?

16 Anmeldung in der Fahrschule

Was müssen Sie selbst erledigen / machen? Was <u>lassen</u> Sie machen? Schreiben Sie Sätze.

1. zwei aktuelle Passfotos machen | 2. Erste-Hilfe-Kurs machen | 3. mich beim Arzt untersuchen | 4. Gebühren für das Ordnungsamt zahlen | 5. Personalausweis mitbringen | 6. mir genauere Informationen geben | 7. am Theorieunterricht teilnehmen

1.
2.
3.
4.
5.
6.
7.

17 Lesetext: Der Arbeitsalltag einer Tagesmutter

a | Lesen Sie den Brief und ordnen Sie die Sprechblasen den Kindern zu. Welches Kind sagt was?

> Sie spielt nur mit den Kleinen!

> Hatschi! Ich will zu meinem Papa!

> Ich bin ganz brav! Ich helfe Vera.

> Wääh, schluchz!!!

Liebe Lisa!

Du hast mich gefragt, wie meine Arbeit als Tagesmutter aussieht, weil du dir überlegst, für deine Tochter eine Tagesmutter zu suchen.

Meine Tageskinder sind sehr lieb, aber heute bin ich mit den Nerven ziemlich am Ende. Die Mutter von Jan war spät dran und hat den Kleinen nur schnell zur Tür hereingeschoben. Jan hat natürlich sofort angefangen zu weinen. Er ist ja erst ein halbes Jahr alt und versteht nicht, warum seine Mama weg ist. Die zweijährige Lara ist stark erkältet und hustet schrecklich. Ihr Vater hat heute aber einen wichtigen Termin und konnte nicht zu Hause bleiben. Zum Glück hat er das Mädchen nach vier Stunden wieder abgeholt. Sonja war allerdings besonders brav, sie hat sogar versucht, mir zu helfen. Mit ihren drei Jahren ist sie wirklich sehr „erwachsen".

Zu Mittag ist dann auch noch mein Jonas müde und genervt von der Schule nach Hause gekommen. Am Nachmittag wollte er unbedingt mit mir schwimmen gehen! Er ist oft eifersüchtig auf die Kleinen.

Drei kleine Kinder zu betreuen, ist wirklich sehr anstrengend. Kein Wunder, dass es in Neustadt nicht genug Tagesmütter gibt. In den 120 Unterrichtsstunden, die sich „Ausbildung zur Tagesmutter/zum Tagesvater" nennen und die das Sozialamt von Neustadt anbietet, hat man uns auf solche Tage nicht vorbereitet. Wenn ich zusammenrechne, was ich heute verdient habe: ganze 60 Euro! Die Stadt empfiehlt ja, pro Kind und Stunde 5,50 Euro zu verlangen, aber welche Eltern können sich das denn leisten! Manchmal überlege ich, ob ich nicht doch wieder in meinen alten Beruf als Sekretärin zurückkehren soll.

Na ja, aber es ist nicht jeden Tag so und momentan passt es für mich besser, zu Hause zu arbeiten.

Hoffentlich sehen wir uns bald!

Vera

b | Was erfahren Sie über die Arbeit einer Tagesmutter? Kreuzen Sie die richtige Antwort an.

1. Wie alt sind die Tageskinder?   1–3 Jahre ☐   3–6 Jahre ☐   6–10 Jahre ☐
2. Braucht man eine Ausbildung?   ja ☐   nein ☐   keine Information ☐
3. Wie viel verdient sie pro Stunde und Kind?   5,50 Euro ☐   3 Euro ☐   9 Euro ☐

21 Wiederholen Sie.

18 Einen Text analysieren und rekonstruieren

a | Lesen Sie den Brief und ergänzen Sie die fehlenden Wörter.

die | dass | dich | dein | bin

Lieber Onkel Hans,
ich freue mich, dir mitteilen zu können, dass ich mit meinem Studium endlich fertig _____ (1). Am 23. Mai ist die akademische Feier in der Aula, zu der ich _____ (2) herzlich einlade. Ich weiß, _____ (3) es länger als geplant gedauert hat, und möchte mich bei dir für die finanzielle Unterstützung bedanken, _____ (4) ich in den letzten Jahren von dir bekommen habe.
Liebe Grüße
_____ (5) Neffe Jonas

b | Analysieren Sie die Wörter, die Sie eingesetzt haben. Ordnen Sie zu.

Personalpronomen ☐   Verb [1]   Possessivpronomen ☐
         Konnektor ☐   Relativpronomen ☐

c | Vergleichen Sie mit dem Lösungsschlüssel.

d | Lesen Sie den Text oben mehrmals genau durch. Merken Sie sich besonders die Nebensätze, in die Sie Wörter eingesetzt haben. Ergänzen Sie dann die Lücken – möglichst ohne nachzusehen!

Lieber Onkel Hans,

ich freue mich, dir mitteilen zu können, _____.

_____. Am 23. Mai ist die akademische Feier in der

Aula, _____.

Ich weiß, _____, und

möchte mich bei dir für die finanzielle Unterstützung bedanken, _____

_____.

Liebe Grüße

dein Neffe Jonas

19 Richtig schreiben: ie

Schreiben Sie die Wörter.

neugrig – ie _____   ndlich – ie _____

schwrig – ie _____   verlbt – ie _____

rsig – ie _____   lbevoll – ie _____

motivrt – ie _____   rsengroß – ie _____

Meine 2. Identität

a | Erinnern Sie sich? Im A1- und im A2-Intensivtrainer hatten Sie eine 2. Identität gewählt und Texte geschrieben. Arbeiten Sie nun in Ihrer 2. Identität weiter. Füllen Sie dafür zuerst den Steckbrief aus. Wenn Sie noch keine 2. Identität haben, dann legen Sie sich für diesen Band eine neue Identität zu. Träumen Sie!

Name: _____

Alter: _____

Familienstand: _____

Kinder: _____

Beruf / Jobs: _____

Fähigkeiten: _____

Hobbys: _____

b | Schreiben Sie nun in Ihrer 2. Identität eine Glückwunschkarte an Sie selbst in Ihrer 1. Identität.
Überlegen Sie zunächst: Zu welchem Ereignis beglückwünschen Sie sich selbst?
Was haben Sie Besonderes erlebt oder geschafft?

Liebe/r _____

_____

_____

_____

_____

_____

_____

21 Plötzlich alles anders | Wiederholen Sie.

22 Erst mal entspannen

1 Neue Nomen?

a | Lesen Sie die Erklärungen zu 1–7 und ergänzen Sie die Wörter. Welche Erklärung passt zu 8?

[Kreuzworträtsel mit 8 Feldern]

1. Darin ist das Brot.
2. Damit wischt man sich den Mund ab.
3. Nennt man so, wenn es mehrere Gänge gibt.
4. Das braucht man für ein Frühstücksei.
5. Hier stellt man die Blumen ins Wasser.
6. Darin serviert man Salat oder Pudding.
7. Das sagt man beim Anstoßen.
8. Damit

b | Sortieren Sie die Wörter nach dem Artikel. Welches Wort ist kein Nomen?

maskulin	neutral	feminin

c | Wie sind die Pluralformen? Schreiben Sie.

die:

2 Redemittel bei Tisch

Lesen Sie den Dialog und ergänzen Sie die Sätze.

Vater: Hmm, lecker! Jetzt schnell noch unseren Tischspruch.

Mädchen: Oh ja, alle die Hände geben: Piep, piep, piep, wir haben uns alle lieb, wir essen, was es gibt, _____!

Junge: Mama, die Butter!

Mutter: Wie bitte?

Junge: Kannst du _____?

Vater: Und _____ den Wurstteller.

Mutter: Ich will … äh … Kann ich _____ den Käse _____?

3 Tante Claudia kocht

Ergänzen Sie die Pronomen.

1. ▪ Bringst du mir mal die Pfanne?

   (Ich bringe dir die Pfanne sofort.)

   □ Ich bringe _____ _____ sofort.

2. ▪ Holst du mir bitte schnell den Wein aus dem Keller?

   (Soll ich dir den Wein auch öffnen?)

   □ Soll ich _____ _____ auch öffnen?

3. ▪ Schälst du mir die Zwiebeln?

   (Soll ich dir die Zwiebeln auch klein schneiden?)

   □ Soll ich _____ _____ auch klein schneiden?

4. ▪ Ich brauche auch noch Mehl.

   (Soll ich dir das Mehl in die Schüssel geben?)

   □ Soll ich _____ _____ in die Schüssel geben?

4 Geburtstagsgeschenke organisieren

Wer macht was für wen? Schreiben Sie die Antworten.
Verwenden Sie immer zwei Pronomen.

1. Peter: Wer macht was? Wer kauft die Blumen für Kelly?
   Carla: Das mache ich! Ich kaufe sie ihr.

2. Peter: Wer besorgt das Buch für Ahmed?
   Anna: Ich! Ich besorge ___

3. Peter: Wer kauft den Wecker für Kelly?
   Daniel: ___

4. Peter: Wer backt den Kuchen für Ahmed?
   Moritz: ___

5. Peter: Wer schreibt die Geburtstagskarte für die beiden?
   Carla: ___

6. Peter: Wer singt den beiden das Geburtstagslied vor?
   Lutz: Wir ___ natürlich alle zusammen vor!

5 Deutsche Tischsitten

Was passt zusammen? Ordnen Sie zu.

1. Man kommt
2. Alle fangen gleichzeitig
3. Beide Hände gehören
4. Man spricht nicht
5. Nach dem Essen legt man
6. Das Besteck wird am Ende

a. parallel auf dem Teller abgelegt.
b. die Serviette links neben den Teller.
c. mit vollem Mund.
d. zu essen an.
e. auf den Tisch.
f. pünktlich zum Essen.

1	2	3	4	5	6

6 Lebensmittel

Ergänzen Sie die Oberbegriffe und ordnen Sie die Lebensmittel mit Artikel zu. Welche Lebensmittel passen nicht in die Tabelle?

Kiwi | Sojabohne | Schafskäse | Schweinebraten | Erdbeere | Erdnuss | Rotwein | Fruchtquark | Sellerie | Karotte | Weizenbier | Hühnchen

1. Milchprodukte	2. _____	3. _____	4. _____	5. _____

Diese Wörter passen nicht: _____

7 Welche Präposition passt?

Achten Sie auf die Verben und ergänzen Sie die richtige Präposition.

in | nach | auf | gegen | unter

Etwa fünf bis sieben Prozent der Bevölkerung in Deutschland reagieren _____ Nahrungsmittel allergisch. Babys leiden eher _____ Allergien gegen Grundnahrungsmittel. Allergien _____ Hühnereiweiße sind häufig. Eiweiße sind _____ Süßspeisen, Fertigprodukten und Backwaren enthalten. Bei einer Hühnereiweißallergie muss man im Zutatenverzeichnis _____ Begriffen mit Ei oder Zusätzen wie „Ovo" suchen.

8 Kommentare

Welcher Kommentar passt zu welcher Situation? Ergänzen Sie die Nomen und ordnen Sie zu.

Belohnung | Entspannung | Qual | Genuss

1. Paul sonnt sich im Liegestuhl.   ○ Das ist eine nette _____ .
2. Die Erdbeeren schmecken lecker!   ○ Der Arme! Was für eine _____ !
3. Kai spült! Dafür bekommt er ein Eis. ○ Das ist die pure _____ !
4. Pablo hat sehr starke Zahnschmerzen. ○ Ja, sie sind ein _____ !

9 Ärger im Hotel

Schreiben Sie die Passivsätze aus der E-Mail in die Tabelle. Was steht auf Position 2, was am Satzende?

Liebe Erika,
ich bin hier im sonnigen Süden. Das Wetter ist toll, aber das 4-Sterne-Hotel ist leider furchtbar! Das Personal ist richtig unfreundlich. Stell dir vor, die Handtücher werden nur alle drei Tage gewechselt und das Bad wird nicht ordentlich geputzt. Es gibt im Hotel keine Reinigung. Meine Wäsche wird also auch nicht gewaschen. Und ich habe hier keine Tageszeitung, sie wird nicht zugestellt. Die Bar schließt um 21 Uhr und der Lift wird gerade repariert. Ich wohne aber im 9. Stock!
Na ja, das nächste Mal mache ich wieder Urlaub auf dem Campingplatz!
Viele Grüße
Tom

	Position 2		Satzende
Die Handtücher		nur alle drei Tage	

10 Länder und ihre Produkte

Wo werden diese Lebensmittel traditionell produziert? Ordnen Sie zu und bilden Sie Sätze im Passiv.

Schokolade | Champagner | Salami | Spaghetti (Pl.) | Whisky | Käse

Schottland | Ungarn | Holland | Schweiz | Frankreich | Italien

1. Schokolade wird in
2.
3.
4.
5.
6.

11 Wortschatz

Ordnen Sie den Nomen die passenden Verben zu. Kreuzen Sie an.

	ein Doppelzimmer	eine Übernachtung	Halbpension	eine Anzahlung	Kurtaxe
reservieren					
wählen					
buchen					
bezahlen					
nehmen					
leisten					

12 In der Hotelküche

Die Chefköchin kommt heute später. Hilfskoch Jens findet einen Zettel in der Küche. Darauf steht, was er machen soll. Formulieren Sie die Anweisungen. Verwenden Sie *brauchen nicht* (3x), *brauchen ... nur zu* (3x) und *müssen* (2x).

> Kartoffeln putzen, aber nicht schälen (Biokartoffeln!)
> Zwiebeln schälen und klein schneiden
> Karotten nur schälen (Rest macht Maschine)
> Erdbeeren nicht besorgen, schon erledigt
> Klöße aus Tiefkühlfach holen
> Soße nur anrühren
> Fleisch nur panieren, noch nicht anbraten

1. Die Kartoffeln musst du putzen, du
2.
3.
4.
5.
6.
7.

13 Pause?

"Kann ich jetzt Pause machen?"

"Nein, noch nicht. Es gibt noch viel zu tun!"

Ergänzen Sie die Sätze. Verwenden Sie das Passiv mit Modalverb.

reinigen | aufbacken | einräumen | kontrollieren | schneiden | aussortieren

1. Die Vitrine muss zuerst gereinigt werden.

2. Die Wurst muss noch

3. Die Brötchen

4. Obst und Gemüse

5. Die Teigwaren

6. Das Ablaufdatum von Milch und Joghurt

14 Hausarbeit macht Spaß!

Schreiben Sie Antworten wie in den Beispielen. Verwenden Sie das Passiv mit Modalverb oder *brauchen … nicht zu*.

• Sollen wir das Geschirr spülen?
▫ **Ja**, das Geschirr muss gespült werden.

• Sollen wir das Geschirr auch aufräumen?
▫ **Nein**, das braucht ihr nicht aufzuräumen.

1. • Sollen wir das Bad putzen?

   ▫ Ja, die Waschbecken

2. • Können wir das Wohnzimmer aufräumen?

   ▫ Nein,

3. • Sollen wir den Teppich saugen?

   ▫ Ja,

4. • Müssen wir die Schuhe putzen?

   ▫ Nein,

15 Lesetext: Erst mal entspannen?

a | Warum arbeitet Annette Frey im Schiurlaub?
Lesen Sie die E-Mail an Lisa und ergänzen Sie die Verben.

verbunden | bedankt | beantworten | aufnehmen | transportiert | verletzt | bemerkt | aushelfen

E-MAIL

Liebe Lisa,

du wirst es nicht glauben, aber ich stehe hier im Urlaub in der Schweiz an der Rezeption eines kleinen Hotels und arbeite. Wie es dazu kam? Wir sind am Samstag angereist, bei herrlichem Wetter. Nach dem Einchecken sind wir gleich auf die Schipiste gegangen. Paul wollte nämlich sofort seinen Schilehrer kennen lernen. Wir haben neben dem Lift gewartet, als mich plötzlich ein Schifahrer umgefahren hat. Er hat mich am Knie _____, so dass ich einen Verband tragen muss. Es ist nicht so schlimm, aber zum Schifahren fühle ich mich nicht fit genug.

Am Sonntag ist Paul dann zum Schikurs gegangen und ich habe mich auf der Sonnenterrasse des Hotels erholt. Plötzlich kam ein Krankenwagen und hat die Hotelchefin, Frau Sprüngli, ins Krankenhaus _____, weil sie starke Bauchschmerzen hatte. Herr Sprüngli hat mich dann in seiner Not gefragt, ob ich an der Rezeption _____ kann. Er sah so hilflos aus, dass ich zugesagt habe. Dafür brauchen wir für die letzte Urlaubswoche nichts zu bezahlen!

Ich arbeite jetzt also schon den dritten Tag als Rezeptionistin. Aber das ist mehr Arbeit, als ich dachte! Ich muss Reservierungen _____, Zimmerschlüssel übergeben, die Fragen der Gäste _____, Bus- und Flugtickets reservieren und Telefonanrufe entgegennehmen. Natürlich geht manchmal auch was schief. Gestern habe ich Blumen in ein falsches Zimmer geschickt. Ich habe den Fehler erst _____, als sich der Gast bei mir für die Blumen _____ hat. Dem Gast aus Zimmer 5 habe ich den Schlüssel von Zimmer 8 gegeben. Und mit der Telefonanlage habe ich auch Schwierigkeiten. Ich habe schon einige Male die Gäste falsch _____. Die meisten sind aber sehr nett und verständnisvoll. Einige kommen jedes Jahr und kennen die Chefin gut. Natürlich gibt es auch Reklamationen und es ist gar nicht so leicht, immer freundlich zu sein. Frau Sprüngli kommt morgen aus dem Krankenhaus zurück und unser Urlaub ist dann auch schon fast zu Ende. Wir freuen uns auf euch!

Liebe Grüße, natürlich auch an Lukas und Max und an Mia einen dicken Kuss!
Annette

b | Ein Gast berichtet: Passen seine Aussagen zum Text? Kreuzen Sie an.

	ja	nein
1. Ich hatte diesmal Pech mit dem Wetter.	☐	☐
2. Frau Sprüngli hat sich wie immer um alles gekümmert.	☐	☐
3. Einmal habe ich unerwartet Blumen bekommen.	☐	☐
4. Ich habe mit fremden Leuten telefoniert.	☐	☐

16 Einen Text analysieren und rekonstruieren

a | Lesen Sie den Blogeintrag und entscheiden Sie zuerst, was für ein Wort fehlt. Kreuzen Sie an.

Ich bin 25 Jahre alt und habe vor acht Jahren mit _____ (1) Rauchen angefangen. Mein Zigarettenkonsum hat sich von Jahr zu Jahr gesteigert. Am Ende habe ich fast zwei Packungen pro Tag _____ (2). Alle meine Versuche, mit dem Rauchen aufzuhören, waren erfolglos. _____ (3) sechs Wochen ist es mir jetzt endlich gelungen. Aber nach kurzer Zeit habe ich angefangen, mehr Schokolade zu _____ (4). Und ich belohne mich jetzt viel zu oft mit gutem Essen. Ich habe schon vier Kilo zugenommen und mir passen meine Jeans nicht mehr. Was _____ (5) ich nur machen?

1. ☐ Artikel ☐ Pronomen
2. ☐ Verb im Infinitiv ☐ Partizip Perfekt
3. ☐ Artikel ☐ Präposition
4. ☐ Verb ☐ Nomen
5. ☐ Hilfsverb ☐ Modalverb

b | Ergänzen Sie jetzt die Wörter und vergleichen Sie dann mit dem Lösungsschlüssel.

c | Lesen Sie den Text oben mehrmals genau durch. Merken Sie sich besonders die Stellen, wo Sie Wörter eingesetzt haben. Ergänzen Sie dann die Lücken – möglichst ohne nachzusehen!

Ich bin 25 Jahre alt und habe _____.

Mein Zigarettenkonsum hat sich von Jahr zu Jahr gesteigert. Am Ende habe _____

_____. Alle meine Versuche, mit dem

Rauchen aufzuhören, waren erfolglos. _____

ist es mir jetzt endlich gelungen. Aber nach kurzer Zeit habe ich angefangen,

_____. Und ich belohne mich jetzt viel zu oft

mit gutem Essen. Ich habe schon vier Kilo zugenommen und mir passen meine Jeans nicht mehr.

_____?

17 Richtig schreiben: h vor l, m, n, r

Ergänzen Sie die fehlenden Buchstaben.

S	O	J	A	B	O		E				
		B	E	N	E		E	N			
		A	N	Z	A		U	N	G		
		B	E	L	O		U	N	G		
					H		N				
				K	O		E	N	S	Ä	U	R	E
	V	E	R	W	Ö		E	N			
U	N	A	N	G	E	N	E				
				F	R	Ö		I	C	H	
	E	M	P	F	E		E	N			

Meine 2. Identität

Sie möchten in Ihrer 2. Identität verreisen und brauchen mehrere Übernachtungen. Schreiben Sie eine Buchungsanfrage.

Termin? Einzel- oder Doppelzimmer? Nur Frühstück? Besondere Wünsche?

Von: _____
An: _____
Betreff: _____

senden

23 Überzeugen Sie sich!

1 Unregelmäßige Verben

nahm | lag | fand | hielt | blieb | traf | entschied | rief | wurde | verlor | ging | starb | gab

Wie lauten die Infinitive zu den Präteritumsformen? Ordnen Sie die Verben nach dem Vokalwechsel im Verbstamm.

e → a: nehmen – nahm, treffen –

e → u: _____ e → i: _____

i(e) → a: _____ ie → o: _____

ei → ie: _____

a → ie: _____ u → ie: _____

2 Zwei Künstlerbiografien

verhaften | schicken | schreiben | bleiben | leben | werden | sein | sterben | kämpfen

a | Ergänzen Sie die Verben im Präteritum.

Milo Dor _____ 1923 in Budapest geboren. Sein Vater _____ ein serbischer Arzt. In seiner Jugend _____ Dor in Belgrad. 1942 _____ man ihn, weil er gegen die Deutschen _____. 1943 _____ man ihn als Zwangsarbeiter nach Wien. Nach dem 2. Weltkrieg _____ Milo Dor als freier Schriftsteller in Wien. Er _____ zahlreiche Bücher für Erwachsene und Jugendliche. Er _____ im Jahr 2005.

b | Schreiben Sie die Lebensgeschichte im Präteritum.

Francis Lederer am 6. November 1899 bei Prag geboren werden | Schauspieler sein | 1921 im ersten deutschen Tonfilm mitspielen | 1934 mit Ginger Rogers in Hollywood einen Film drehen | noch mit 100 Jahren Schauspielschüler unterrichten | im Jahr 2000 sterben

Francis Lederer wurde am 6. November 1899 bei Prag geboren. Er

→ KB 3

3 Rückblick

Lesen Sie die Angaben und schreiben Sie Sätze mit *als*.

1957: Das Zeitalter der Raumfahrt beginnt: Der Satellit Sputnik erreicht den Weltraum.	1982: Der Computer ist die „Maschine des Jahres".
1967: „Das Dschungelbuch" kommt als Zeichentrickfilm in die Kinos.	1992: Die Sängerin Madonna ist in zwei Kinofilmen zu sehen.
1977: Muhammad Ali verteidigt seinen Weltmeistertitel im Boxkampf.	2002: Die Brüder Klitschko feiern weitere Erfolge beim Boxen.

1. Als ich 5 Jahre alt war, begann das Zeitalter der Raumfahrt.

   Als mein Sohn 5 Jahre alt war,

2. Als ich 15 Jahre

   Als

3.

4 Reden Sie miteinander!

als oder *wenn*? Erinnern Sie sich an die Regel? Sehen Sie die Bilder an und ergänzen Sie die Sätze.

Die Kinder von Lutz Krenn machten oft Lärm, _____ sie allein zu Hause waren.

_____ sich die Nachbarin _____, entschuldigte sich Herr Krenn immer. Er selbst beschwerte sich nie über die Nachbarin. _____ einmal nachts stundenlang _____, sagte er nichts, obwohl die Kinder davon aufwachten und weinten. Er sagte auch nie etwas, _____

_____. Aber eines Tages verlor er doch die Geduld:

_____, reagierte er verärgert.

Am nächsten Tag überraschte er sie deswegen mit einem Kuchen und sie besprachen alles in Ruhe. Sie verstanden sich plötzlich gut und die Nachbarin kümmerte sich von da an um die Kinder,

_____.

5 Im Alltag

Was passiert gleichzeitig? Verbinden Sie und schreiben Sie Sätze mit *während*.

1. Die Bäcker backen schon. ○ ○ Das Nachtleben geht richtig los.
2. Die Kinder sind in der Schule. ○ ○ Die anderen schwitzen im Büro.
3. Die Schüler schlafen ein. ○ ○ Die Erwachsenen gehen zur Arbeit.
4. Die einen liegen im Park in der Sonne. ○ ○ Die meisten Leute schlafen noch.
5. In den Wohnungen geht das Licht aus. ○ ○ Ihr Lehrer erklärt etwas.

1. *Die Bäcker backen schon, während*
2.
3.
4.
5.

6 Mit 67 fängt das Leben an

a | Milena Schulze ist endlich in Rente. Was macht sie? Lesen Sie die Angaben und markieren Sie die trennbaren Verben.

das Leben genießen | jedes Jahr eine spannende Reise unternehmen | sich regelmäßig Konzerte anhören | ihre Zeit gern mit Freundinnen verbringen | noch viel vorhaben | leider mit ihrem Mann nicht mehr gut auskommen | er: sich immer mehr in die Wohnung zurückziehen

b | Schreiben Sie.

Milena Schulze ist endlich in Rente: *Sie*

7 Eine politische Diskussion

Was passt zusammen? Ordnen Sie zu.

Wir sollten Mehrgenerationenhäuser bauen!

1. Ich bin für diesen Vorschlag
2. Besonders gut an der Idee ist,
3. Aber ein großer Nachteil ist doch oft,
4. Ist es deswegen nicht sinnvoller,
5. Nein, ich bin dagegen,

a. mehr Seniorenheime zu bauen?
b. weil alte Menschen dort oft einsam sind.
c. dass man voneinander lernen kann.
d. weil verschiedene Generationen zusammenleben sollten.
e. dass die Kinder den Senioren zu laut sind.

1	2	3	4	5

8 Was passiert zuerst?

Markieren Sie die Szenen mit 1 (das geschieht zuerst) und 2 und schreiben Sie Sätze mit *bevor*.

Rita: [2]  [1]

Bevor Rita _____, fragt sie ihre Freundin _____.

Nick:

Eva:

Chris:

9 Ein Beschwerdebrief

a | Formulieren Sie die Sätze im Perfekt. Beginnen Sie, wenn möglich, mit den Angaben.

1. Ich bestelle einen Staubsauger | vor 3 Wochen

   Vor drei Wochen

2. Ich widerrufe die Bestellung | vor 2 Wochen

3. Ich schicke den Staubsauger zurück | zur gleichen Zeit

4. Sie überweisen den Rechnungsbetrag | noch nicht

5. Ich lese den Vertrag genau durch | noch einmal

6. Sie erfüllen die Bedingungen nicht | bis heute

Erstatten Sie mir bitte den Geldbetrag sofort zurück!

b | Sortieren Sie die Verben aus a.

trennbar:

nicht trennbar:

10 Wichtige Wendungen

Ergänzen Sie bitte die Sätze.

1. Ich mac_____ von mei_____ Recht Gebr_____ .

2. Ich künd_____ den Vert_____ mit sofor_____ Wirkung.

3. Bitte sen_____ Sie mi_____ eine schrif_____ Bestätigung.

4. Ich b_____ an Ihr_____ Angeboten ni_____ mehr intere_____ .

11 Neue Wörter

Ordnen Sie die Wörter den Bereichen zu. Ergänzen Sie die Artikel.

> Bürgermeisterin | Kontonummer | Bankleitzahl | Außendienst |
> Parlament | Regierung | Zahlung | Maschine | Vertrieb

Bank	Politik	Industrie

12 Wozu?

a | Welche Antwort passt? Ordnen Sie zu.

1. Wozu brauchen wir Politiker?
2. Wozu sollen wir zur Wahl gehen?
3. Wozu arbeiten wir so viel?
4. Wozu sollen wir die Zeitung lesen?
5. Wozu sollen wir uns einmischen?
6. Wozu machen wir das alles?

a. Damit wir informiert sind.
b. Damit wir auf jemanden böse sein können.
c. Damit wir mitbestimmen können.
d. Damit wir etwas verändern können.
e. Damit wir mit uns selbst zufrieden sind.
f. Damit wir uns das Leben leisten können.

1	2	3	4	5	6

b | Schreiben Sie jetzt eine Zusammenfassung. Formulieren Sie Sätze mit *um … zu*.

1. Wir brauchen Politiker, um auf jemanden
2. Wir gehen
3.
4.
5.
6.

13 Ein neues Land

In welchen Aussagen haben die beiden Nebensätze nicht dieselbe Bedeutung? Kreuzen Sie an.

☐ 1. Amir Mulalic ist nach Deutschland gekommen,
— um hier zu studieren.
— damit er hier studiert.

☐ 2. Seine Familie hat lange gespart,
— damit Amir nach Deutschland kommen kann.
— um nach Deutschland kommen zu können.

☐ 3. Um nach Deutschland einreisen zu dürfen,
   Damit er nach Deutschland einreisen durfte,
— brauchte Amir ein Visum.

☐ 4. Er fuhr zur deutschen Botschaft,
— um es zu beantragen.
— damit er es beantragen konnte.

☐ 5. Um an der Universität zugelassen zu werden,
   Damit er an der Universität zugelassen wird,
— muss er eine Deutschprüfung ablegen.

☐ 6. Damit Amir irgendwo wohnen kann,
   Um irgendwo wohnen zu können,
— hat sein Onkel einen Freund in Deutschland angerufen.

☐ 7. Der Freund lädt ihn oft ein,
— damit Amir nicht einsam ist.
— um nicht einsam zu sein.

14 Ein neuer Job

Ergänzen Sie die Sätze, verwenden Sie *um … zu* oder *damit*.
(Tipp: Achten Sie auf die Subjekte im Haupt- und Nebensatz.)

> sich beruflich verändern | er die neuen Aufgaben lösen können |
> sich seinen Kollegen vorstellen | er alle kennen lernen

1. Christian hat einen neuen Job gesucht, _____

2. _____, hat sein Chef eine kleine Party gegeben.

3. Christian hat eine Rede vorbereitet, _____

4. _____, wird das ganze Team ihm helfen.

15 Lesetext: Politiker im Stress

a | Lesen Sie das Interview mit dem Neustädter Stadtrat Jürgen Kurz. Ordnen Sie die Fragen zu.

1. Und Besprechungen mit den Parteikollegen oder der Parteibasis?
2. Das ist aber ein ungesundes Leben. Was sagt denn Ihr Arzt dazu?
3. Herr Kurz, Sie sind Stadtrat in Neustadt und für die Bereiche Wirtschaft und Tourismus zuständig. Wie sieht Ihr Tag aus?
4. Leidet nicht das Familienleben, wenn man ständig unterwegs ist?
5. Haben Sie wenigstens Zeit, in Ruhe Mittag zu essen?

Interviewerin: 3
Jürgen Kurz: Zurzeit ist mein Tag sehr voll, weil gerade die Tourismus-Messe stattfindet. Bevor ich um 8.00 Uhr ins Büro fahre, telefoniere ich schon mit meiner Sekretärin und informiere mich über die Termine. Am Vormittag gibt es zahlreiche Gespräche mit Firmenchefs. Ich besuche Firmen, um mich über die Probleme vor Ort zu informieren.

Interviewerin:
Jürgen Kurz: Wir haben einen fixen Besprechungstermin mit Parteikollegen, täglich von 15.00 bis 16.00 Uhr. Und danach müssen natürlich im Büro noch zahlreiche Arbeiten erledigt werden. Das dauert oft bis in den Abend.

Interviewerin:
Jürgen Kurz: Sehr selten. Zwischen 12.00 und 14.00 Uhr muss ich oft zu Geschäftsessen. Da gibt es wichtige Verhandlungen, während gegessen wird. Oder ich esse nur ein Sandwich, während ich arbeite.

Interviewerin:
Jürgen Kurz: Der hat natürlich Bedenken. Aber das lässt sich leider nicht ändern.

Interviewerin:
Jürgen Kurz: Ja, mein Beruf ist nicht familienfreundlich. Zum Glück sind meine Kinder schon fast erwachsen und meine Frau ist sehr verständnisvoll.

Interviewerin: Herr Kurz, vielen Dank für das Gespräch.

b | Die Frau von Jürgen Kurz macht sich Sorgen um die Gesundheit ihres Mannes. Sie macht für ihn Pläne. Welche Termine muss der Stadtrat absagen, was kann er nicht machen? Notieren Sie.

Mo + Do:	Joggen von 18.00 – 19.00
Di:	Massage 9.00 – 10.00
Mi:	gemeinsames Mittagessen
Fr:	1x / Monat ab 15.00: Einkaufsbummel

16 Einen Text analysieren und rekonstruieren

a | Lesen Sie die Rede eines Verkäufers und ergänzen Sie die Wörter in der richtigen Form. Markieren Sie aber zuerst, welche Wortstellung richtig ist.

Subjekt – Verb ▼   Verb – Subjekt ▲   es sein (2x) | man können | es geben | Sie müssen

Meine Herren und natürlich auch meine Damen,

ich präsentiere Ihnen heute das ultimative Werkzeug für den Heimwerker oder die Heimwerkerin: Sie sagen: Das ist ein Hammer! Ja, es sieht aus wie ein Hammer und ▼_____ (1) auch ein Hammer. Aber _____ (2) noch viel mehr. Seitlich _____ (3) den Stiel öffnen und was ist darin? Ein Schraubenzieher, eine Zange und eine Säge. Natürlich sollen Sie sich nicht aus Versehen verletzen, deshalb _____ (4) eine Sicherung. Ein Hammer, nicht wahr! Und zu einem unglaublichen Preis! Dieser ultimative Hammer kostet nicht 59 Euro, er kostet auch nicht 49 Euro, nein, er kostet nur 39 Euro! Den _____ (5) einfach haben! Überzeugen Sie sich selbst!

b | Vergleichen Sie mit dem Lösungsschlüssel.

c | Lesen Sie den Text oben mehrmals genau durch und merken Sie sich besonders die Stellen, wo Sie Wörter eingesetzt haben. Ergänzen Sie dann die Lücken – möglichst ohne nachzusehen!

Meine Herren und natürlich auch meine Damen,

ich präsentiere Ihnen heute das ultimative Werkzeug für den Heimwerker oder die Heimwerkerin:

Sie sagen: Das ist ein Hammer! Ja, es sieht aus wie ein Hammer und _____

_____ Aber _____. Seitlich

_____ und was ist darin? Ein Schraubenzieher,

eine Zange und eine Säge. Natürlich sollen Sie sich nicht aus Versehen verletzen, deshalb

_____. Ein Hammer, nicht wahr! Und zu einem

unglaublichen Preis! Dieser ultimative Hammer kostet nicht 59 Euro, er kostet auch nicht 49 Euro,

nein, er kostet nur 39 Euro! Den _____!

Überzeugen Sie sich selbst!

17 Richtig schreiben: -ig oder -ik?

a | Ergänzen Sie.

Für die richt____e Rhetor____ sind auch Gest____ und Mim____ wicht____.

Nur keine Pan____! Bereite dich sorgfält____ vor und lern die Rede auswend____.

Häuf____ ist es nöt____, eine Graf____ genau zu erklären.

b | Kreuzen Sie an.

1. Die Endung *-ik* steht immer bei: ☐ Nomen ☐ Verben ☐ Adjektiven

2. Die Endung *-ig* steht immer bei: ☐ Nomen ☐ Verben ☐ Adjektiven

3. Nomen auf *-ik* haben den Artikel: ☐ der ☐ das ☐ die

Meine 2. Identität

Sie sind in Ihrer 2. Identität im Ausland und wollen etwas sehr Teures kaufen. Eine Person, die Ihnen viel bedeutet, ist dagegen. Überzeugen Sie ihn/sie!
Überlegen Sie vorher:

- Was wollen Sie kaufen?
- Warum wollen Sie es?
- Wem schreiben Sie?

Von: _____
An: _____
Betreff: _____   senden

23 Überzeugen Sie sich! | Wiederholen Sie.

24 Der Ton macht die Musik

1 Komposita

a | Wie viele Nomen sind hier noch versteckt? Markieren Sie.

BAUFGBELASTUNGATBPLANIKPLATZANLAGEMOTDE
STELLEHLÄRMOMKLDIENSTROSPARKZERNKLIMA

b | Welche Wörter passen? Setzen Sie die Nomen zusammen und notieren Sie sie mit Artikel.

1. Die Zeiteinteilung für den Dienst: der _____

2. Da werden Autos abgestellt: _____

3. Der Ort, an dem etwas gebaut wird: _____

4. Damit wird die Temperatur in einem Raum geregelt: _____

5. Der Stress, der durch Lärm entsteht: _____

2 Brief an die Klinikleitung

Was stimmt nicht? Lesen Sie die E-Mail von Markus Neumann. Markieren Sie die inhaltlichen Fehler und ersetzen Sie die Wörter. (Tipp: Hören Sie noch einmal den Hörtext im Kursbuch, Aufgabe 2.)

Betreff: ~~Lärmbelastung~~

Sehr geehrte Frau Kumrik,

ich schreibe Ihnen im Auftrag von Frau Dr. Serasinghe. Durch die Ausstellungseröffnung haben wir momentan in den Räumen des Krankenhauses viel Lärm. Bei einigen Ärzten führt diese Belastung verstärkt zu Fieber.
Ist denn die Baustelle mit guten und ausreichenden Staubfiltern ausgestattet?
Für eine eventuelle Überprüfung der Anlage bedanken wir uns im Voraus.

Mit freundlichen Grüßen
Markus Neumann

---

1. Staubbelastung   4. _____

2. _____   5. _____

3. _____   6. _____

3 In Unternehmen

Konjunktur | Geschäftsleitung | Unternehmensversammlung | Protokoll | Beschwerde | Freizeitausgleich | Gleitzeit

Ergänzen Sie die Wörter.

1. Frau Matz hat in den letzten Monaten viele Überstunden gemacht. Deshalb bekommt sie einen _____ .

2. Herr Kopp war gestern bei der _____ . Man hat ihn dort über ein neues Arbeitszeitmodell informiert. Die _____ möchte für die Angestellten _____ einführen.

3. Weil die _____ schlecht ist, möchte die Firma Solarzell Kurzarbeit einführen. Herr Gorol hat erst durch das _____ davon erfahren. Der Betriebsrat hat jedoch eine _____ eingereicht.

4 Relativsätze mit Dativpronomen

Wie lauten die richtigen Relativpronomen im Dativ? Ergänzen Sie.

1. Das ist ein Kollege, mit _____ ich mich auch privat treffe.

2. Sie ist eine Kollegin, mit _____ man sehr gut zusammenarbeiten kann.

3. Ich arbeite gerne mit Kollegen, mit _____ ich auch lachen kann.

4. Das ist ein Unternehmen, in _____ ich gern arbeite.

5 Frau Berner sieht alles!

Analysieren Sie die Verben und ergänzen Sie die Präpositionen und Pronomen im Akkusativ oder Dativ.

1. Das ist der Angestellte, _____ _____ sich der Chef beschwert hat.

2. Das ist die Kundin, _____ _____ der Verkäufer gestritten hat.

3. Da sitzt der Betriebsrat, _____ _____ man über alles sprechen kann.

4. Dort geht die Sekretärin, _____ _____ ich leider noch gar nichts weiß.

6 Der falsche Arbeitsplatz?

Ordnen Sie die Sätze im Schüttelkasten zu und schreiben Sie Relativsätze.

> Er kommt mit den Kollegen nicht gut aus. | ~~Er verdient in dem Job zu wenig.~~ | Er möchte offen mit seiner Chefin über seine Probleme sprechen. | Er wird von den Kollegen nicht akzeptiert. | Der Job macht ihm keine Freude. | Er ist für den Job überqualifiziert. | Er hat eine gute Beziehung zu seiner Chefin. | Er schüttelt über seine Kollegen oft den Kopf. | Seine Chefin versteht ihn hoffentlich.

Herr Marx arbeitet in einem Job, *in dem er zu wenig verdient,*

_____

_____

Er hat Kollegen, _____

_____

_____

Er hat deswegen einen Termin bei seiner Chefin, _____

_____

_____

7 Adjektive

Was passt zusammen? Verbinden Sie.

Er / Es / Sie ist:

1. Unser Physiklehrer beachtet nur die guten Schüler. ○   ○ ungerecht

2. Ich habe schon wieder meinen Schlüssel verloren. ○   ○ schüchtern

3. Ruth wartet nicht gerne, sie wird schnell nervös. ○   ○ ärgerlich

4. Marc ist unsicher und spricht leise. ○   ○ unerträglich

5. Es ist heute wahnsinnig heiß. ○   ○ still

6. Wir hören keine Geräusche. ○   ○ ungeduldig

8 Fragen mit Konjunktiv II

Ergänzen Sie das passende Verb im Konjunktiv II.

können | dürfen | werden | haben | sein

1. _____ du morgen Zeit für mich?
2. _____ du mir beim Protokoll helfen?
3. _____ Sie so nett, mir einen Kaffee zu machen?
4. _____ ihr das bitte noch heute erledigen?
5. _____ ich heute früher gehen? Ich muss zum Arzt.

9 Redemittel für Höflichkeit

Formulieren Sie höflicher. Verwenden Sie verschiedene sprachliche Mittel.

1. Wir wollen Salami! — *Wir hätten gern etwas Salami.*
2. 2oo Gramm! _____ .
3. Wo steht der Reis? _____, wo der Reis steht?
4. Platz da! _____ uns _____ vorlassen? Wir haben es eilig.
5. Wir brauchen eine Tüte! _____ Sie uns bitte noch _____ ?

10 Ein Bild beschreiben

Ergänzen Sie.

Man erkennt | Im Vordergrund | Vermutlich | Das Bild zeigt | Neben | Im Hintergrund | Das Bild wirkt

_____ eine Familie auf einem Bahnsteig. Das Mädchen hält eine Puppe in der Hand. Der Junge trägt einen Rucksack. _____ der Mutter steht ein großer Koffer. _____ sieht man die Bahnhofsuhr. Der große Zeiger ist beschädigt. _____ sind Bäume und der Himmel zu sehen. _____ fährt der Vater nicht mit. _____ an ihrer Mimik, dass sie sich verabschieden. Niemand lacht. _____ auf mich traurig.

11 Auf der Elektronik-Messe

a | Von allem nur das Beste: Sehen Sie die Geräte an und ergänzen Sie die Superlative.

heiß | fein | gut

der _____ Kaffee, das _____ Aroma, der _____ Geschmack

witzig | klein | fair

das _____ Design, der _____ Akku, der _____ Preis

hoch | stark | gering

der _____ Komfort, die _____ Leistung, das _____ Gewicht

leise | einfach | groß

der _____ Motor, die _____ Reinigung, die _____ Hilfe

b | Wie sind die Komparativformen nach dem unbestimmten Artikel? Ergänzen Sie.

1. ▪ Schau mal, das neue Handy von IKO!

   ▫ Ja, es hat ein witzig_____ Design und einen klein_____ Akku als mein altes Handy.

2. ▪ Sieh mal, eine neue Bohrmaschine!

   ▫ Ja, sie hat eine stärk_____ Leistung und auch ein gering_____ Gewicht.

3. ▪ Hast du den neuen Mixer von BALU gesehen?

   ▫ Ja, gesehen, aber kaum gehört! Er hat einen viel leis_____ Motor als unser alter Mixer.

4. ▪ Mmh, probier mal diesen Kaffee!

   ▫ Oh ja! Er hat ein fein_____ Aroma und einen deutlich bess_____ Geschmack als unser Kaffee zu Hause.

→ KB 16

12 Sätze legen

Schreiben Sie die folgenden Wörter und die Konnektoren *trotzdem* und *obwohl* auf Kärtchen. Welche Verbindungen sind möglich? Legen Sie die Kärtchen und notieren Sie die Sätze.

SIE (2x) | IST | BESUCHT | GERN | SCHON | 51 JAHRE ALT | HIP-HOP-KONZERTE

TROTZDEM   OBWOHL

13 Haupt- und Nebensätze einleiten

a | Welche Sätze passen zusammen? Verbinden Sie.

1. Ich habe kein Musikinstrument gelernt. ○   ○ Aber seine Musik finde ich unerträglich.

2. Ich gehe gern in die Oper. ○   ○ Aber ich gehe gern in klassische Konzerte.

3. Schönberg war ein berühmter Komponist. ○   ○ Aber heute bleibe ich zu Hause.

b | Bilden Sie Sätze mit *trotzdem*. Variieren Sie die Stellung von *trotzdem*.

1.

2.

3.

c | Bilden Sie Sätze mit *obwohl*. Denken Sie auch an das Komma!

1.

2.

3.

14 Auf der Ausstellungseröffnung

Was passt: *trotzdem*, *obwohl* oder *aber*? Ergänzen Sie die Konnektoren und die Satzzeichen.

1. Ich interessiere mich nicht besonders für Kunst **, aber** ich habe meine Freundin auf eine Ausstellungseröffnung begleitet.

2. **Obwohl** ich solche Kulturveranstaltungen nicht so mag **,** habe ich mich nicht gelangweilt.

3. Die Bilder hatten eine intensive Wirkung auf mich **, obwohl** ich darauf nichts Konkretes erkennen konnte.

4. Die Rede war sehr interessant **, aber** ich habe nicht alles verstanden.

5. Das Buffet war lecker **, trotzdem** habe ich von den Häppchen kaum etwas probiert.

6. Dafür habe ich einige Gläser Sekt getrunken **, aber** war ich nicht betrunken.

7. **Obwohl** ich es nicht erwartet hatte **,** war der Abend doch ganz unterhaltsam.

8. **Trotzdem** bin ich nicht sicher **,** ob ich nächstes Mal wieder zu einer Vernissage mitkomme.

15 Nomen und Verben

Welches Verb passt nicht? Streichen Sie durch.

1. eine Beschwerde:	schreiben | treffen | aufnehmen
2. Überstunden:	unternehmen | machen | abbauen
3. Urlaub:	machen | nehmen | bringen
4. eine Abteilung:	eröffnen | leiten | sichern
5. Entscheidungen:	treffen | mitteilen | machen
6. Arbeitsabläufe:	beschreiben | beantragen | auflisten
7. Probleme:	besitzen | erkennen | haben
8. ein Auto:	stehlen | abschleppen | beleidigen
9. eine Unterhaltung:	vorzeigen | fortsetzen | unterbrechen
10. einen Fehler:	korrigieren | beschimpfen | wiedergutmachen

16 Lesetext: Ein neuer Arbeitsplatz?

a | Lesen Sie die Anzeigen und Lukas' Überlegungen dazu. Ergänzen Sie den Text.

> Baubüro Fuchs sucht erfahrene/n Hochbautechniker/in mit Lust auf Entwurf, Bauleitungen, selbstständiges Arbeiten. Flexible Arbeitszeiten, auch von zu Hause. Bruttogehalt: 1950.- Euro, Überstunden extra. Anfragen: Baubüro Fuchs, Oberpollstadt, Schlossstr. 12

> **PAAR-BAU** sucht Bauleiter/in für zweijähriges Projekt in DUBAI (Aufenthalt 3 Monate/Jahr, Unterkunft vorhanden). Wir erwarten mehrjährige Berufserfahrung und gute Englischkenntnisse. Wir bieten: monatliches Bruttogehalt 4500.- Euro

Oh, das klingt gut! Da könnte man super verdienen. _____ kennen zu lernen würde mir auch gefallen und _____ spreche ich ja recht gut. Aber nach den Jahren in Spanien passt es nicht. Ich will endlich wieder mehr Zeit mit der Familie verbringen, Lisa im Haushalt unterstützen, Max bei den Hausaufgaben helfen und miterleben, wie Mia größer wird.

Hm, _____ Arbeiten und flexible Arbeitszeiten – das klingt ja auch reizvoll. Andererseits ist es vermutlich gar nicht so einfach, häufiger von _____ aus zu arbeiten. Familie und Beruf lassen sich dann schwerer trennen. Die _____ werden zwar bezahlt, aber das Gehalt ist nicht so richtig attraktiv. Und bis nach _____ sind es ungefähr 70 Kilometer, das ist also gar nicht so nah. Ich könnte fragen, ob ich ein Firmenauto bekomme. Oder vielleicht könnten wir sogar dorthin ziehen? Ob Lisa das möchte? Max müsste dann natürlich die Schule wechseln … Na ja, es wäre wohl doch am besten, wenn ich etwas in Neustadt oder im nahen Umkreis finden würde.

b | Lesen Sie die Aussagen und kreuzen Sie an.

	richtig	falsch	nicht im Text
1. Paar-Bau hat eine Stelle in Dubai frei.	☐	☐	☐
2. Paar-Bau bietet eine Dienstwohnung.	☐	☐	☐
3. Lukas möchte gern Weiterbildungskurse machen.	☐	☐	☐
4. Das Baubüro Fuchs ist etwas weiter weg.	☐	☐	☐
5. Die Firma Fuchs bietet einen Firmenwagen an.	☐	☐	☐
6. Lisa möchte gern umziehen.	☐	☐	☐

17 Einen Text analysieren und rekonstruieren

a | Lesen Sie den Chateintrag und entscheiden Sie, was für ein Wort fehlt. Kreuzen Sie an.

> Ich mache eine Ausbildung als Bürokauffrau und bin im ersten Lehrjahr. Ich werde immer wieder von meinem Chef kritisiert, _____ (1) ich versuche, meine Arbeit gut zu erledigen. Mein Chef meint, dass ich zu langsam _____ (2), und beobachtet mich die ganze Zeit. _____ (3) werde ich immer nervöser und mache dann auch Fehler. Wenn ich Fragen stelle, bekomme ich oft _____ (4) Antwort. Die Kollegen, mit _____ (5) ich über meine Probleme gesprochen habe, sind sehr nett, aber sie können mir auch nicht helfen. Sie meinen, ich _____ (6) nicht so empfindlich sein. Wer weiß einen Rat?
> Dunja, 17 Jahre

1. ☐ Präposition   ☐ Konnektor
2. ☐ Verb   ☐ Modalverb
3. ☐ Konnektor   ☐ Adjektiv
4. ☐ unbestimmter Artikel ☐ Negativartikel
5. ☐ Relativpronomen im Akk. ☐ Relativpronomen im Dat.
6. ☐ Hilfsverb   ☐ Modalverb

b | Ergänzen Sie jetzt die Wörter und vergleichen Sie dann mit dem Lösungsschlüssel.

c | Lesen Sie den Text oben mehrmals genau durch. Merken Sie sich besonders die Stellen, wo Sie Wörter eingesetzt haben. Ergänzen Sie dann die Lücken – möglichst ohne nachzusehen!

Ich mache eine Ausbildung als Bürokauffrau und bin im ersten Lehrjahr. Ich werde immer wieder von meinem Chef kritisiert, _____, meine Arbeit gut zu erledigen. Mein Chef meint, _____, und beobachtet mich die ganze Zeit. _____ und mache dann auch Fehler. Wenn ich Fragen stelle, _____. Die Kollegen, mit denen _____, sind sehr nett. Aber sie können mir auch nicht helfen. Sie meinen, _____. Wer weiß einen Rat?

18 Richtig schreiben: Vokale und Umlaute

Ergänzen Sie die richtigen Vokale: *e, i(e), o, ö, ü*.

Er will das neue Buch l___sen. | Sie kann die Aufgabe nicht l___sen. | Zum Kehren braucht man einen B___sen. | Das war eine eine b___se Überraschung. | Bitte, schließ die T___r. | Ich gebe d___r ein Buch. | Sie sagt nicht die Wahrheit. Sie l___gt. | Er ist krank. Er l___gt im Bett. | Wir haben großes Gl___ck gehabt. | Möchtest du noch ein St___ck Torte? | Ich war sch___n einmal da. | Dieser Ausflug war sehr sch___n.

Meine 2. Identität

Sie haben in Ihrer 2. Identität Ihren Traumjob bekommen. Schreiben Sie einer Freundin / einem Freund und berichten Sie von dem Job und Ihren Eindrücken.

- Wo ist der Arbeitsplatz?
- Wie sind die Arbeitszeiten?
- Wie ist der Urlaub geregelt?
- Wie sind die Vorgesetzten / Kollegen?
- Wie ist die Arbeitsatmosphäre?
- Wie hoch ist Ihr Verdienst?

Von:
An:
Betreff: senden

Liebe/r _____,

seit zwei Monaten _____

25 Zeigen Sie Initiative!

1 Zusammen ist man weniger allein

Gemeinsame Interessen teilen: Wie heißen die Gruppen? Notieren Sie die Nomen mit Artikel.

1. gelKelcbu
2. ielepSendab
3. laMegrppu
4. ffautrLef
5. timmStachs
6. kuAngerfänrs
7. nerTanpartdem
8. einSptorver

2 Eine Anzeige

a | Was passt zusammen? Verbinden Sie.

Möchtest du etwas ausprobieren, ○   ○ wo du noch nie warst?

Möchtest du Dinge tun, ○   ○ soll sich bei mir melden.

Möchtest du in Länder reisen, ○   ○ was wir nicht tun könnten!

Wer sich angesprochen fühlt, ○   ○ die das Ungewöhnliche liebt.

Ich möchte eine Freizeitgruppe gründen, ○   ○ was du noch nie gemacht hast?

Es gibt nichts, ○   ○ von denen du bisher nur geträumt hast?

Möchtest du bei uns mitmachen?

b | Relativsätze mit *wer, was, wo*: Lesen Sie die Hinweise und schreiben Sie die Sätze aus a darunter.

1. Bezug auf Indefinitpronomen:

2. Person wird nicht näher bezeichnet:

3. Bezug auf Ortsangabe:

3 Relativsätze

Lesen Sie bitte den Text und ergänzen Sie die Relativpronomen *wer, was, wen, wem, wo*.
Achten Sie auch auf die Groß-/Kleinschreibung.

Alles, _____ ich wollte, war ein bisschen Abwechslung zu meinem Alltag. Denn, _____ viel arbeitet, braucht Entspannung. Also habe ich dort gesucht, _____ man die meisten Freizeitangebote findet: im Volkshochschulprogramm. Dort habe ich gelesen: „_____ gerne näht und strickt, _____ Basteln leicht fällt, der ist in unserem Handarbeitskurs richtig." So habe ich meine Liebe zum Handarbeiten entdeckt. Seitdem ist Stricken das Schönste, _____ ich mir vorstellen kann. Es gibt nichts, _____ mir mehr Spaß macht. _____ Handarbeiten interessiert, sollte also unbedingt einen Kurs machen!

→ KB 5

4 Demonstrationen

Wer demonstriert wofür oder wogegen und warum? Schreiben Sie Sätze.

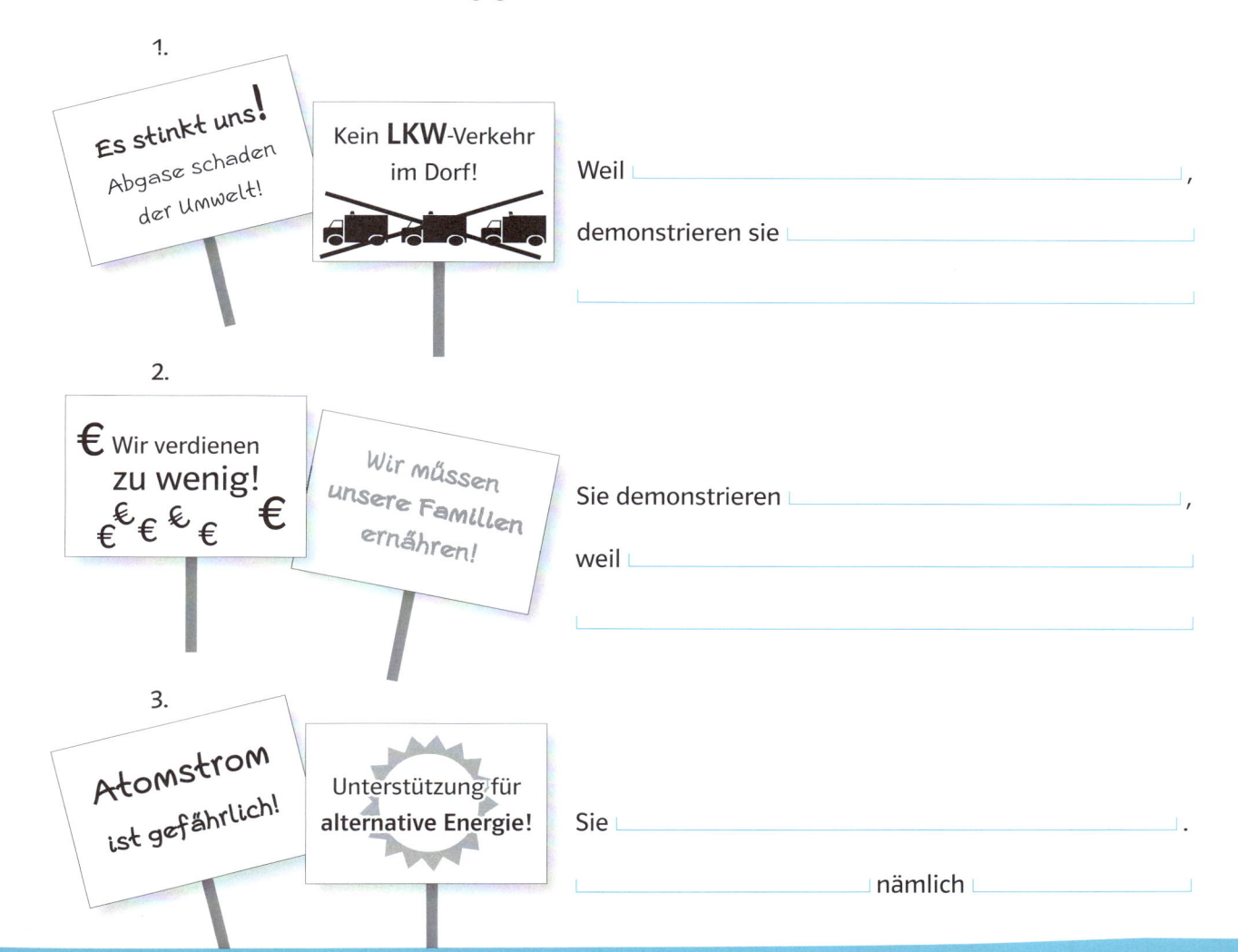

1.

Es stinkt uns! Abgase schaden der Umwelt!

Kein LKW-Verkehr im Dorf!

Weil _____,

demonstrieren sie _____

_____

2.

€ Wir verdienen zu wenig!

Wir müssen unsere Familien ernähren!

Sie demonstrieren _____,

weil _____

_____

3.

Atomstrom ist gefährlich!

Unterstützung für alternative Energie!

Sie _____.

_____ nämlich _____

5 Ein Zeugenbericht

Ergänzen Sie die Verben im Präteritum. Achten Sie auf die Formen und die trennbaren Verben.

auffordern | belästigen | beschließen | reagieren | gehen | hören | ~~kommen~~ | schlagen | sehen | sein | weglaufen | sich wehren | ziehen | festhalten

Als ich auf den Platz kam, _____ ich, wie zwei Jugendliche einen Jungen _____. Der Junge _____ _____ nicht und wollte davonlaufen, aber die Jugendlichen _____ ihn _____. Ich _____ zu der Gruppe und _____ die Jugendlichen _____, den Jungen in Ruhe zu lassen. Aber die zwei _____ nicht. Da _____ ich, die Polizei zu rufen. Bis die Polizei da _____, _____ die beiden Jugendlichen den Jungen und _____ ihn an den Haaren. Erst als sie das Polizeiauto _____, _____ sie _____.

6 Verben mit Präpositionen

Welche Präposition passt? Kreuzen Sie an.

1. Politiker sollten sich ☐ für ☐ um die Bürgerinnen und Bürger einsetzen.
2. Leider machen sie sich nicht immer ☐ von ☐ für deren Interessen stark.
3. Viele Menschen halten nichts ☐ von ☐ aus Politik.
4. Die Politik muss sich mehr ☐ um ☐ über die Menschen bemühen.

7 So wäre es in unserer Schule!

Formulieren Sie die Sätze im Konjunktiv II.

1. Wir haben viel Spaß. _____
2. Der Unterricht fängt später an. _____
3. Wie feiern alle Geburtstage. _____
4. Alle Lehrer sind gerecht. _____
5. Wir müssen keine Hausaufgaben machen. _____

→ KB 10, 11 **8** **Was wäre, wenn ...**

a | Schreiben Sie irreale Bedingungssätze mit *wenn*.

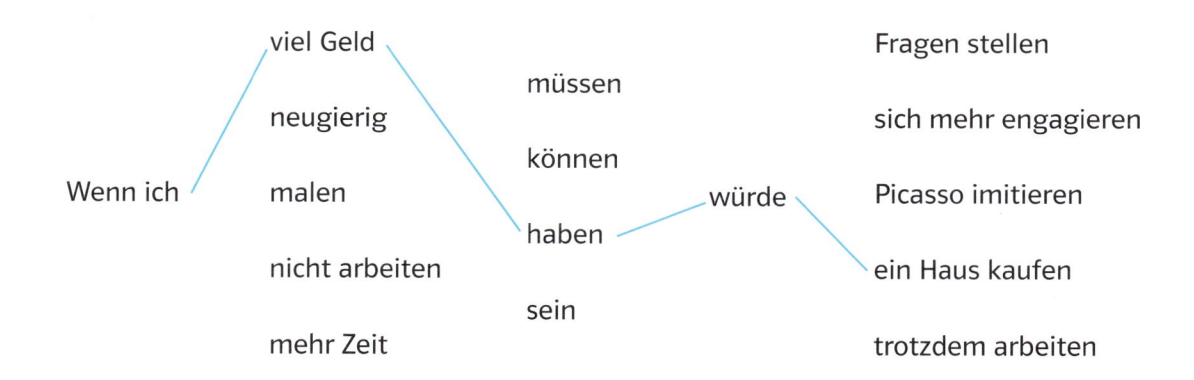

Wenn ich	viel Geld			Fragen stellen
	neugierig	müssen		sich mehr engagieren
	malen	können	würde	Picasso imitieren
	nicht arbeiten	haben		ein Haus kaufen
	mehr Zeit	sein		trotzdem arbeiten

Wenn ich viel Geld hätte, würde ich

b | Schreiben Sie irreale Bedingungssätze ohne *wenn*.

	ich: sportlich			einen Marathon laufen
Sein	seine Eltern: mehr verdienen			ich es trotzdem nicht tun
Werden	man: hier rauchen	würden		mehr Gehalt bekommen
Dürfen	er: nicht so viel üben	können		ihm ein Auto kaufen
	du: fleißiger			nicht so gut Deutsch

Wäre ich sportlich,

9 Im Restaurant

Welche Funktionen hat der Konjunktiv II?
Ordnen Sie die Sätze zu.

1. Hm, dieses Gericht könnte zu scharf sein!
2. Wären Sie so freundlich, uns zu helfen?
3. Dürften wir Sie noch etwas fragen?
4. Würden Sie bitte das Fenster öffnen?
5. Sie sollten freundlicher sein, wenn Sie Trinkgeld möchten!
6. Wenn Sie sich beeilen würden, könnten wir den Bus noch erreichen.
7. Hätten wir bloß ein anderes Restaurant gewählt!

Höfliche Bitte: 2, ____   Irrealer Bedingungssatz: ____

Ratschlag: ____   Wunsch: ____   Vermutung: ____

10 Ihre Bewerbung

a | Welches Verb passt nicht? Streichen Sie durch.

1. eine Ausbildung: absolvieren | gründen | abschließen
2. Fähigkeiten: besitzen | einsetzen | sammeln
3. ein Vorstellungsgespräch: halten | führen | vereinbaren
4. sich die Arbeit: zutrauen | aussuchen | anschaffen
5. die Herausforderung: beibringen | suchen | annehmen
6. die Eigenschaft: haben | anwenden | mitbringen
7. gut mit jemandem … können: vermitteln | zusammenarbeiten | umgehen
8. Erfahrungen: sammeln | haben | lernen

b | Setzen Sie die passenden Nomen ein.

Ich habe eine gute ____ absolviert und in meinen beruflichen Tätigkeiten viele ____ gesammelt. Ich kann ausgezeichnet mit ____ umgehen. Ich suche eine neue ____.

Gern würde ich mit Ihnen ein ____ vereinbaren.

11 Adjektiv-Training

Ergänzen Sie die passenden Adjektive. Achten Sie auf die Formen.

> hervorragend | fließend | erstaunlich | sinnlos | abwechslungsreich | selbstbewusst | belastbar | erfolgreich

1. Wir lernen nicht nur mit dem Buch, sondern auch mit aktuellen Texten aus dem Internet. Es ist ein _____ Unterricht.

2. Er ist ein Sprachentalent: Er spricht _____ Englisch und hat _____ Arabischkenntnisse.

3. Hanna setzt oft ihre Meinung durch. Sie ist ein sehr _____ Mädchen.

4. Unser Chef ist in Stresssituationen nicht besonders _____ und er ist ein Choleriker. Es ist _____, dass er diese Position bekommen hat.

5. Schade, dass du es _____ findest, dich in unserem Projekt zu engagieren. Mit deinen Fähigkeiten wärst du sicherlich _____ .

12 Besuchen Sie unsere Sprachschule!

Schreiben Sie Sätze mit *denn* und verbinden Sie sie mit einem Komma.

1. Die Atmosphäre: bei uns sehr persönlich sein | wir: ein kleines Team sein

2. Sie: Spaß am Lernen haben | wir: nach modernsten Methoden unterrichten

3. Der Unterricht: abwechslungsreich sein | unsere Kursräume: multimedial ausgestattet sein

4. Sie: viel über andere Kulturen erfahren | wir: interkulturelle Treffen organisieren

5. Sie: sich schnell anmelden (!) | unsere Preise: zurzeit besonders günstig sein

13 Sätze legen

Schreiben Sie die Wörter auf Kärtchen und legen Sie Sätze mit den vier Konnektoren. Vergessen Sie das Komma nicht!

DAS | IST | DER RICHTIGE JOB | FÜR MICH | ICH | SUCHE | DIE HERAUSFORDERUNG
WEIL | DENN | DESHALB | NÄMLICH

... , WEIL

14 Feminine Nomen

Welche Endung passt? Schreiben Sie bitte.

Forsch- | Gemein- | Leiden- | Begleit- | Unterstütz- | Bezieh- | Ehrlich- | Staatsangehörig- | Fähig- | Eigen- | Einricht- | Veranstalt-

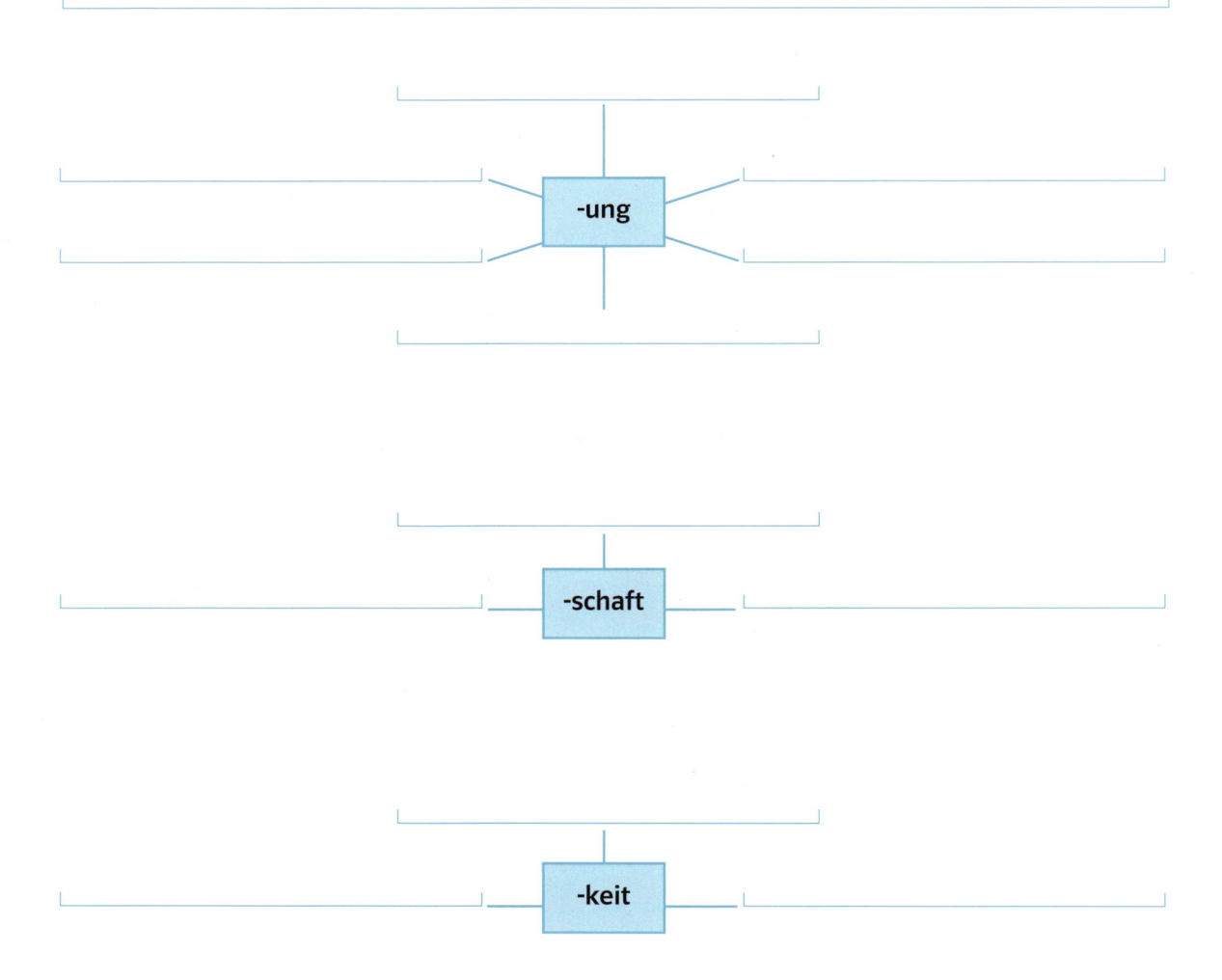

-ung

-schaft

-keit

15 Lesetext: Vorsicht im Internet

a | Lesen Sie den Text. Welche Überschrift passt zum Zeitungsbericht? Schreiben Sie.

Privatfotos auf Facebook

„Freund" schimpft auf Facebook über Chef – **Kündigung!**

Immer öfter wird auf Facebook über den Chef geschimpft

Lukas und Lisa sitzen beim Frühstück. Plötzlich sagt Lisa: „Also wenn ich du wäre, würde ich mir das mit meinem Facebook-Auftritt noch einmal überlegen." Lukas ist noch müde. „Wovon sprichst du, bitte?", fragt er. „Na, du präsentierst dich doch auch über Netzwerke, weil du damit rechnest, dass Personalchefs sich im Internet über Stellenbewerber informieren. Schau mal, was da im Neustädter Stadtblatt steht:"

Dass die Fotos von der letzten Party auf Facebook problematisch sein können, weil ein zukünftiger Arbeitgeber den Stellenbewerber betrunken sieht, ist ja schon bekannt. Nun hat das Thema aber eine neue Dimension bekommen. Ein Mann verlor seinen Job, weil ein „Freund" und Ex-Kollege auf der Facebook-Seite über den gemeinsamen Chef geschimpft hatte. „Hätte sich der Mitarbeiter sofort distanziert, hätte ich nicht so reagiert", meint der betroffene Chef. „Ich kann ein solches Verhalten nicht akzeptieren, von meinen Mitarbeitern erwarte ich absolute Loyalität." Der gekündigte Angestellte hat sich an ein Arbeitsgericht gewendet, um sich gegen die Kündigung zu wehren.
Wir beobachten den Fall weiter und berichten über den Ausgang des Verfahrens.

b | Lesen Sie den Text zu Ende. Lukas ist müde und antwortet unkonzentriert: Was stimmt nicht? Was sollte man nicht tun? Streichen Sie die falschen Aussagen durch und schreiben Sie die Korrekturen darüber.

„Du hast Recht, das kann schlimme Folgen haben", meint Lukas und gähnt. „Aber ich passe auf. Ich kenne keinen meiner Facebook-Freunde persönlich. Außerdem achte ich genau darauf, wer als Freund registriert ist. Freundschaftsanfragen von Leuten, die ich nicht kenne, akzeptiere ich immer. Private Informationen habe ich unter „Privatsphäre Einstellungen" gestellt. Ich poste auch alles, was ich meinen Freunden persönlich nicht sagen würde." „Bitte, was redest du denn da? Lukas, aufwachen!", ruft Lisa.

16 Einen Text analysieren und rekonstruieren

a | Lesen Sie das Bewerbungsschreiben und entscheiden Sie zuerst, welche Verbform richtig ist.

Konjunktiv: ☐   Passiv: ☐   Perfekt: 1   Präsens: ☐   Infinitiv mit zu: ☐

Ihr Stellenangebot im Internet _____ ich mit großem Interesse _____ (1). Ich _____ (2) seit vier Jahren in Deutschland und verfüge über gute Sprachkenntnisse. In meinem Heimatland, der Ukraine, habe ich ein Studium zum Bauingenieur abgeschlossen, das demnächst in Deutschland _____ (3) Ich habe mehrere Jahre Berufspraxis und habe mich regelmäßig weitergebildet. Ich _____ gern in Ihrer Firma _____ (4) und mich freuen, Sie persönlich von meinen Kompetenzen überzeugen _____ (5).

b | Ergänzen Sie das passende Verb und vergleichen Sie mit dem Lösungsschlüssel.

anerkennen | arbeiten | dürfen | lesen | leben

c | Lesen Sie den Text oben mehrmals genau durch. Merken Sie sich besonders die Stellen, wo Sie Wörter eingesetzt haben. Ergänzen Sie dann die Lücken – möglichst ohne nachzusehen!

Ihr Stellenangebot im Internet _____.

Ich _____ und verfüge über gute Sprachkenntnisse. In meinem Heimatland, der Ukraine, habe ich ein Studium zum Bauingenieur abgeschlossen, das _____ _____. Ich habe mehrere Jahre Berufspraxis und habe mich regelmäßig weitergebildet.

Ich _____ und mich freuen,

Sie persönlich _____.

17 Richtig schreiben: groß oder klein?

Markieren Sie den richtigen Buchstaben.

1. Das **S** | Spannendste, was ich je gemacht habe, war das **F** | Fotografieren von Elefanten auf einer Safari.

2. Es ist etwas **T** | Tolles, wenn Kinder für die Eltern etwas **b** | Basteln. Aber für die Eltern ist das **B** | Basteln von Bilderrahmen ziemlich langweilig.

3. Zum **S** | Stricken braucht man Wolle und Stricknadeln. Meine Mutter **s** | Strickt sehr gern.

4. Wenn du Spaß am **M** | Malen hast, dann **m** | Mal mir doch bitte ein Bild.

Meine 2. Identität

Wofür würden Sie sich in Ihrer 2. Identität engagieren? Schreiben Sie einen Facebook-Eintrag, in dem Sie für Ihr Anliegen werben und um Unterstützung bitten.
Überlegen Sie vorher:

- Wofür engagieren Sie sich?
- Was wollen Sie konkret unternehmen?
- Warum ist das für Sie wichtig?
- Mit welchen Argumenten wollen Sie Gleichgesinnte finden?

Suche

Startseite Profil Konto

Neuigkeiten

Hallo Freunde,

26 Passt das?

1 Kleidung

a | Wie sind die Artikel und welches Wort passt nicht? Schreiben Sie und streichen Sie durch.

1. _das_ Dirndl | ____ Bluse | ____ Schürze | ____ Material
2. ____ Sandale | ____ Gummistiefel | ____ Hausschuh | ____ Handschuh
3. ____ Baumwolle | ____ Lederhose | ____ Leinen | ____ Seide
4. ____ Schultertuch | ____ Schleife | ____ Knopf | ____ Reißverschluss
5. ____ T-Shirt | ____ Pullover | ____ Hose | ____ Hemd
6. ____ Anzug | ____ Krawatte | ____ Minirock | ____ Kostüm
7. ____ Jeans | ____ Abendkleid | ____ Shorts | ____ Badehose

b | Welche Wörter aus Aufgabe a passen? Ordnen Sie jeweils vier Wörter zu.

Sport, Freizeit: ____

Volksfest: ____

Bewerbungsgespräch: ____

2 Was mir nicht gefällt

a | Sind die Nomen nach der Schreibzeile maskulin, neutral, feminin oder im Plural? Analysieren Sie und ergänzen Sie den Artikel im Genitiv.

1. Die Knöpfe ____ Bluse sind zu bunt.
2. Der Ausschnitt ____ T-Shirts ist zu groß.
3. Der Stoff ____ Kleides ist zu dick.
4. Der Gürtel ____ Hose ist nicht aus Leder.
5. Die Ärmel ____ Pullovers sind zu kurz.
6. Der Rock ____ Kostüms ist zu eng.
7. Die Absätze ____ Stiefel sind zu massiv.
8. Die Preise ____ Klamotten sind zu hoch.

b | Markieren Sie die Genitivendung bei den Nomen. Welche enden mit -s? Schreiben Sie.

Regel: ____

3 Mein letzter Urlaub!

Bilden Sie Genitivstrukturen.

Ich erinnere mich an …

1. Leuchten / Sterne — das Leuchten der Sterne.
2. Geruch / Meer — den
3. Geschmack / Fisch
4. Duft / Blumen
5. Sehenswürdigkeiten / Stadt
6. Gastfreundlichkeit / Leute

→ KB 5

4 Lena und Louis

Welches Artikelwort passt?
Wählen Sie aus und verbinden Sie.

1. Lena und Louis haben — dieselbe — Mutter.
2. Sie haben aber nicht ○   ○ dasselbe ○   ○ Vater.
3. Sie lernen an ○   ○ dieselbe ○   ○ Computer.
4. Sie sehen ○   ○ denselben ○   ○ Fernsehprogramme.
5. Sie besitzen nicht ○   ○ dieselben ○   ○ Fahrrad.
6. Sie gehen in ○   ○ demselben ○   ○ Schule.
7. Aber sie haben nicht ○   ○ Lehrer (Pl.).

→ KB 8

5 Rund ums Fest

Wie heißen die Wörter? Notieren Sie auch die Artikel.

1. umztsueFg — der
2. ttAranoikt
3. wekFuerre
4. seKrllsua
5. rhcuaB
6. tlZe
7. ünhBe

6 Partizipien

a | Sagen Sie es anders: Verwenden Sie das Partizip Präsens.

1. der Bauer, der arbeitet — der _arbeitende_ Bauer
2. der Schäfer, der wandert — der _____ Schäfer
3. das Stroh, das brennt — das _____ Stroh
4. die Königin, die weint — die _____ Königin
5. die Musiker, die spielen — die _____ Musiker

b | Bilden Sie das Partizip Perfekt und setzen Sie es vor das Nomen.

1. eröffnen — _eröffnet_ — das _eröffnete_ Fest
2. aufregen — _____ — die _____ Kinder
3. stricken — _____ — der _____ Pullover
4. verkaufen — _____ — die _____ Figur
5. verbrennen — _____ — die _____ Strohpuppe

7 Brauchtum zu Ostern

Welches Partizip passt? Kreuzen Sie an.

1. Die jungen Männer springen über das
   - ☐ gebrannte Feuer.
   - ☐ brennende Feuer.

2. Die Großeltern sehen den
   - ☐ getanzten Jugendlichen zu.
   - ☐ tanzenden Jugendlichen zu.

3. Die Kinder suchen
   - ☐ färbende Ostereier.
   - ☐ gefärbte Ostereier.

4. Alle essen begeistert die
   - ☐ gefundene Schokolade.
   - ☐ findende Schokolade.

5. Man verspeist frisch
   - ☐ gebackenes Osterbrot.
   - ☐ backendes Osterbrot.

8 Auf einem Volksfest

Ordnen Sie die Partizipien den Nomen zu.

singende | lachende | klatschende | tanzende | geschmückte | gefüllte | geparkte | gegrillte | verlorene | begeisterte | schmeckende | auffallende

Lachende und _____ Menschen, _____ Kinder, _____ Trachten, _____ Verkaufsstände, _____ Würstchen an der Bude, _____ Biergläser auf den Tischen, lecker _____ Kuchen, _____ Paare auf der Bühne, _____ Hände, falsch _____ Autos, _____ Taschen im Fundbüro.

9 Ostereier suchen

genau ein Fünftel | etwas weniger als ein Drittel | fast die Hälfte

Ergänzen Sie.

Die Eltern von Kim und Holger und die Eltern von Rosa haben zu Ostern zehn Eier versteckt. Kim findet vier Eier, also _____, Holger findet drei Eier, das ist _____, Rosa entdeckt nur zwei Eier, das ist _____. Aber wo ist das fehlende Ei?

10 Was halten Sie davon?

Ergänzen Sie die Sätze. Verwenden Sie die Informationen aus der Grafik.

Was machen die Deutschen, wenn die Kaffeemaschine kaputt ist?

- eine neue Maschine kaufen — 20
- keinen Kaffee mehr trinken — 5
- versuchen, die Maschine zu reparieren — 75

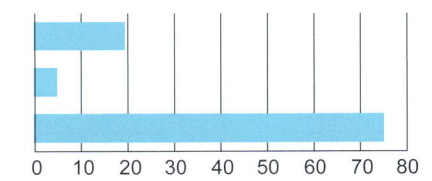

Die Grafik zeigt, was _____,

Ich finde es normal, dass 20 Prozent _____

Mich wundert es, dass _____

11 Schlagzeilen

Ergänzen Sie *während, trotz, wegen*.

1. **Versicherung will** _____ des Versicherungsbetrugs nicht zahlen!

2. **Patient klagt:** 3000 Euro für Operation, _____ Krankenversicherung!

3. Heftiges Gewitter _____ des Fußballspiels!
   Spiel wurde nach 15 Minuten abgebrochen.

4. **Unfall** _____ einer Spinne im Auto!

5. 30-Jähriger _____ des Fahrverbots auf Autobahn unterwegs!

6. Telefonieren _____ der Fahrt – eine der häufigsten Unfallursachen!

12 Schadensfälle und Unfälle

Ergänzen Sie die Sätze.

> trotz richtiger Bedienung | wegen defekter Bremsen | wegen eines Lochs im Gehweg |
> während unserer Reise | wegen eines Wasserschadens | während des Unterrichts |
> trotz der Reparatur | während des starken Sturms | trotz größter Vorsicht

1. Ich habe _____ beim Umzug die Lampe zerbrochen.

2. Wir haben _____ zwei Busunfälle gehabt.

3. Silvia ist _____ gestolpert.

4. Der Drucker ging _____ gleich kaputt.

5. Mario fuhr _____ in einen Marktstand.

6. Kristin kann _____ nicht im Büro arbeiten.

7. Der Gartenzaun ist _____ umgefallen.

8. Die Heizung funktioniert _____ nicht.

9. Die Kinder haben _____ die Tische bemalt.

13 Präpositionen und Konnektoren

a | Ergänzen Sie die Präpositionen *wegen*, *trotz* und *während*. Achten Sie auf die Endungen!

1. **Wegen** mein**er** schwer**en** Erkältung konnte ich nicht joggen.
2. **Während** ein**es** wichtig**en** Gesprächs klingelte das Handy.
3. **Trotz** ihr**es** groß**en** Fleißes hat sie die Prüfung nicht bestanden.
4. **Während** ein**er** lustig**en** Betriebsfeier lernten sie sich kennen.
5. **Wegen** sein**er** häufig**en** Verspätungen wurde er entlassen.

b | Setzen Sie jetzt die Konnektoren *weil*, *obwohl*, *während* ein. Vergleichen Sie mit den Sätzen oben.

1. Ich konnte nicht joggen gehen, **weil** ich sehr erkältet war.
2. Das Handy klingelte, **während** wir in einem wichtigen Gespräch waren.
3. Sie hat die Prüfung nicht bestanden, **obwohl** sie sehr fleißig war.
4. Sie lernten sich kennen, **während** sie auf einer Betriebsfeier waren.
5. Er wurde entlassen, **weil** er häufig zu spät kam.

14 Fragen der Versicherung

Welches Verb passt? Ergänzen Sie die Partizip-Perfekt-Formen.

> beteiligen | auslaufen | kaputtgehen | beschädigen | verursachen | entstehen | umstoßen

1. Wer hat den Schaden **verursacht**?
2. Wie ist der Schaden **entstanden**?
3. Wer war am Schaden **beteiligt**?
4. Was wurde **beschädigt**?
5. Wer hat die Vase **umgestoßen**?
6. Wie ist der Fernseher **kaputtgegangen**?
7. Warum ist das Wasser **ausgelaufen**?

15 Wie heißen die Adjektive?

zeit- | vertrauens- | sinn- | erfolg- | liebe- | schuld- | abwechslungs-

a | Ordnen Sie zu und schreiben Sie.
Es sind neun Kombinationen möglich.

-reich: _____

-los: _____

-voll: _____

b | Ergänzen Sie Adjektive aus a.

1. Mitarbeiter können sich _____ an den Betriebsrat wenden.

2. Horst ist eigentlich ziemlich faul. Trotzdem ist er _____ .

3. Wenn sie mit ihren Enkeln spricht, klingt es sehr _____ .

4. Ein schwarzer Anzug ist doch immer modern! Er ist _____ .

5. Die Radfahrerin hat den Unfall nicht verursacht. Sie ist _____ .

16 Sprachliche Unterschiede

Entschuldigung | Das verstehe ich jetzt nicht | Das ist ein Missverständnis | Sagt man das bei Ihnen so

Lesen Sie den Dialog am Obst- und Gemüsestand.
Ergänzen Sie die Redemittel und Satzzeichen.

■ Grüß Gott! Ich hätte gerne ein Kilogramm Erdäpfel.

□ Erdäpfel haben wir nicht. Es gibt nur Gloster, Kronprinz oder Gala.

■ Ach! _____ Bei uns in Österreich sagt man zu Kartoffeln Erdäpfel. Dann möchte ich noch 25 Dekagramm Ribisel und 1 Kilo Marillen.

□ _____ Meinen Sie vielleicht 250 Gramm Johannisbeeren und 1 Kilo Aprikosen?

■ Ja genau! … Oh, mein Sackerl ist zu klein. Es geht sich nicht aus. Könnten Sie mir noch ein Sackerl geben?

□ Es geht sich nicht aus? Sackerl? _____

■ _____ ich meine: Es passt nicht alles in meine Tüte hinein. Könnten Sie mir bitte noch eine Tüte geben?

17 Lesetext: Ein Verkehrsunfall

a | Lesen Sie das Telefongespräch zwischen Ahmed und Annette. Welche Situation passt zu Ahmeds Unfallbericht?

1.

2.

Ahmed: Stell dir vor, was mir gestern passiert ist: Ich bin mit ungefähr 50 Kilometer pro Stunde die Ahornstraße entlanggefahren. Meine Ampel war grün und ich wollte geradeaus weiterfahren. Dann ist ein Lastwagen aus einer Seitenstraße von rechts gekommen. Er ist viel zu schnell gefahren und hat wohl die Ampel übersehen. Mir blieb keine Zeit zu bremsen. Ich habe versucht auszuweichen, aber mein Wagen ist auf der nassen Fahrbahn ins Rutschen gekommen und ich bin fast frontal mit einem anderen Auto zusammengestoßen. Danach ist der LKW auch noch seitlich in mich reingefahren. Beide Fahrer sind ausgestiegen und haben laut geschimpft. Ich habe gar nichts gesagt und die Polizei gerufen. Die Polizisten haben dann den Unfall aufgenommen und einen Zeugen gesucht. Eine ältere Dame, die alles beobachtet hatte, hat ausgesagt, dass der Lastwagenfahrer schuld war und sie auf dem Gehweg fast überfahren hätte.

Annette: Das ist ja furchtbar! Ist dir etwas passiert? Musste jemand ins Krankenhaus?

Ahmed: Gott sei Dank nicht. Das andere Auto hat nur einen leichten Blechschaden, bei mir ist allerdings die Karosserie stark beschädigt. Das bezahlt die Versicherung, aber ich muss jetzt viel regeln. Ich muss den Schaden melden und den Wagen begutachten lassen.

Annette: Sei doch froh, dass nicht mehr passiert ist.

Ahmed: Ja, du hast Recht. Da habe ich noch mal Glück gehabt!

b | Lesen Sie nun die Unfallberichte der anderen Fahrer. Was stimmt nicht? Unterstreichen Sie.

LKW-Fahrer:

Ich bin mit ungefähr 35 Kilometer pro Stunde in die Kreuzung eingefahren. Meine Ampel war noch auf Grün. Ich war ja am Unfall gar nicht beteiligt. Mein LKW hat überhaupt keinen Kratzer. Die Fußgängerin habe ich gar nicht gesehen.

PKW-Fahrer:

Ich bin am Unfall nicht schuld. Ich bin losgefahren, als die Ampel grün war. Plötzlich ist dieses Auto gekommen. Der Fahrer wollte links abbiegen. Mein Wagen ist jetzt ziemlich kaputt.

18 Einen Text analysieren und rekonstruieren

a | Lesen Sie den Zeitungsbericht und entscheiden Sie, was für ein Wort fehlt. Kreuzen Sie an.

_____ (1) strömenden Regens wurden beim Kelser Volksfest rund 500 Besucher gezählt. Ein buntes Programm führte die gut gelaunten Besucher durch den Nachmittag. Die Jugendkappelle der Gesamtschule _____ (2) bekannte Klassiker und eine Kindertanzgruppe aus der Nachbargemeinde erfreute die Zuschauer mit einer lustigen Tanzeinlage. Nach dem Festessen _____ (3) Turnsaal der Schule führten die Schüler der vierten Klassen ihre selbstgenähten Trachten vor. Das geplante Feuerwerk musste jedoch wegen des schlechten _____ (4) abgesagt werden. Am Abend kam es zu einigen Staus, _____ (5) die Polizei den Verkehr regelte.

1. ☐ Artikel   ☐ Präposition
2. ☐ Verb im Präteritum ☐ Verb im Präsens
3. ☐ Präposition   ☐ Verb
4. ☐ Nomen im Dativ   ☐ Nomen im Genetiv
5. ☐ Konnektor   ☐ Modalverb

b | Ergänzen Sie jetzt die Wörter und vergleichen Sie dann mit dem Lösungsschlüssel.

c | Lesen Sie den Text oben mehrmals genau durch. Merken Sie sich besonders die Stellen, wo Sie Wörter eingesetzt haben. Ergänzen Sie dann die Lücken – möglichst ohne nachzusehen!

_____ wurden beim Kelser Volksfest rund 500 Besucher gezählt. Ein buntes Programm führte die gut gelaunten Besucher durch den Nachmittag. Die Jugendkapelle der Gesamtschule _____ und eine Kindertanzgruppe aus der Nachbargemeinde erfreute die Zuschauer mit einer lustigen Tanzeinlage. Nach dem Festessen _____ führten die Schüler der vierten Klassen ihre selbstgenähten Trachten vor. Das geplante Feuerwerk musste jedoch _____ abgesagt werden. Am Abend kam es zu einigen Staus, _____ .

19 Richtig schreiben: ss oder ß?

a | Wann schreibt man das Eszett? Erinnern Sie sich an die Regel? Kreuzen Sie die richtigen Antworten an.

Der Buchstabe ß steht nach ☐ langen Vokalen, ☐ kurzen Vokalen, ☐ nach *eu, au, ei*.

b | Ergänzen Sie.

Der Rei____verschlu____ ist kaputt. | Ich fahre gerne mit dem Karu____ell. | Gestern hat mich ein Hund umgesto____en und gebi____en. | Ich habe Angst vor bei____enden Hunden. | Sie hat auf dem Fest ihr Kleid zerri____en. | Ich wei____ nicht, wo ich meinen Schlü____el und Reisepa____ verloren habe. | Wi____en Sie vielleicht, wo ich etwas Pa____endes finde? | Er hat das Haus schon verla____en. | Kannst du bitte die Tür schlie____en? | Das Geschäft hat leider schon geschlo____en. | Tut mir leid, das war ein Mi____verständnis.

Meine 2. Identität

Sie haben in Ihrer 2. Identität einen Schadensfall. Sie schreiben an Ihre Hausratversicherung einen Bericht, wie der Schaden passiert ist. Überlegen Sie vorher:

- Was wurde beschädigt?
- Wem gehörte der Gegenstand?
- Wer war anwesend?
- Wer ist schuld?
- Wo ist es passiert?
- Wie ist der Schaden entstanden?

An die
Front-Hausratversicherung

Sehr

27 Aus Leidenschaft

1 Wer engagiert sich für wen?

Verbinden Sie und ergänzen Sie die Sätze. (Tipp: Überfliegen Sie noch einmal die Texte im Kursbuch.)

| erinnern an | veröffentlichen | helfen | sich engagieren für |

Gunter Demnig ○   ○ _____ Menschen, die Asyl beantragt haben.

Sineb El Masar ○   ○ _____ Obdachlosen, wenn sie krank sind.

Ute Bock ○   ○ _____ ein Magazin für Migrantinnen.

Jenny De la Torre ○   ○ _____ die Opfer des Nationalsozialismus.

2 Nomen aus Adjektiven

a | Was können Menschen sein, denen es schlecht geht? Notieren Sie acht Adjektive.

M	O	B	D	A	C	H	L	O	S	K	A	F
U	G	R	E	R	M	Q	V	M	W	E	I	N
O	Ü	G	N	M	N	R	C	H	J	I	M	D
O	B	E	D	Ü	R	F	T	I	G	N	R	U
Z	I	P	Ä	S	F	G	R	J	L	S	Z	W
V	E	R	F	O	L	G	T	I	R	A	N	Q
I	S	Ü	C	H	T	I	G	N	T	M	L	C
U	N	G	L	Ü	C	K	L	I	C	H	Ä	V
T	R	A	U	M	A	T	I	S	I	E	R	T

1. _____
2. _____
3. _____
4. _____
5. _____
6. _____
7. _____
8. _____

b | Bilden Sie aus den Adjektiven Nomen und ergänzen Sie den Text.

1. Auch in Deutschland gibt es A_____ und B_____.

2. O_____ können in speziellen Häusern für eine Nacht ein Bett bekommen.

3. Politisch V_____ können Asyl beantragen.

4. S_____ hoffen auf einen Therapieplatz.

5. T_____ können oft keine Auskunft über ihr Schicksal geben.

6. E_____ und U_____ gibt es überall.

3 In der Natur

→ KB 6

Ordnen Sie zu.

der Bach ☐ | die Brücke ☐ | die Buche ☐ | der Fels ☐ |
der Fluss ☐ | die Höhle ☐ | der Parkplatz ☐ | der Pfad ☐ |
die Tanne ☐ | der Teich ☐ | der Wasserfall ☐ | der Zaun ☐

4 Präpositionen mit Dativ

Was ist richtig? Kreuzen Sie an.

1. Mario klettert ☐ vom ☐ von der Felsen aus ☐ am ☐ an der Höhle vorbei.

2. Smilla läuft ☐ am ☐ an der Bach entlang ☐ bis zum ☐ bis zur Brücke.

3. Oma spaziert ☐ vom ☐ von der Parkplatz aus ☐ bis zu den ☐ bis zu die Bäumen.

4. Die Katze springt ☐ am ☐ an der Tanne vorbei ☐ bis zum ☐ bis zur Zaun.

5. Der Fisch schwimmt ☐ vom ☐ von der Quelle ☐ bis zum ☐ bis zur Teich.

5 Ein Triathlon

Ergänzen Sie die bestimmten Artikel und die Adjektivendungen. Überlegen Sie: Akkusativ oder Dativ?

1. Auf der ersten Etappe schwimmen alle Teilnehmer durch _____ tief____ See, um _____ rot____ Markierung herum.

2. Dann fahren sie mit dem Rad an _____ klein____ Fluss entlang, über _____ alt____ Brücke und an _____ interessant____ Höhle vorbei.

3. Zum Schluss kämpfen sie sich durch _____ groß____ Waldgebiet und laufen dann an _____ laut____ Wasserfall vorbei.

4. Am Ende müssen sie alle noch über _____ grün____ Wiese und dabei aufpassen, dass sie nicht gegen _____ niedrig____ Zaun laufen.

6 Das Spiel mit den Präpositionen

Sie brauchen einen Würfel und eine Spielfigur. Würfeln Sie und folgen Sie mit der Spielfigur den Feldern auf dem Spielplan. Beginnen Sie immer bei 1. Notieren Sie die Sätze auf den Schreibzeilen und vergleichen Sie zum Schluss mit dem Lösungsschlüssel. Achten Sie auf die Artikel und den Kasus.

Beispiel: Sie würfeln eine 3. Sie gehen auf das dritte Feld und schreiben: Ich gehe vom Parkplatz aus über die Wiese durch den Wald.

	⚀	⚁	⚂	⚃	⚄	⚅
	von … aus	über	durch	an … entlang	um … herum	bis … zu
Start: **Parkplatz**	Wiese	Wald	Fluss	Picknickplatz	Zaun
Start: **Höhle**	Straße	Bach	Teich	Wiese	große Tanne
Start: **Wasserfall**	Brücke	Park	Spielplatz	See	Höhle
Start: **Haltestelle**	Spielplatz	Felsengarten	Bach	Buche	Seerosenteich
Start: **Quelle**	Felsen (Pl.)	Tunnel	See	Parkplatz	Brücke

1.

2.

3.

4.

5.

7 Zwei maskuline Deklinationen

a | Ergänzen Sie die Artikel und die Endungen. Vergleichen Sie.

	Singular		Plural	
Nom.	___ Mann	___ Herr	___ Männer	___ Herr___
Akk.	___ Mann	___ Herr___	___ Männer	___ Herr___
Dat.	___ Mann	___ Herr___	___ Männer___	___ Herr___
Gen.	___ Mann___	___ Herr___	___ Männer	___ Herr___

b | Ergänzen Sie die Artikel und Adjektivendungen. Üben Sie die n-Deklination.

1. ▪ Siehst du ___ hübsch___, jung___ Mann dort?

2. ▫ Meinst du ___ dunkelhaarig___ Jung___, der zu uns herübersieht?

3. ▪ Ja! Das ist mein neu___ Nachbar.

4. ▫ Wow, so ein___ attraktiv___ Nachbar___ hätte ich auch gern. Du solltest aber mal mein___ Kolleg___ kennen lernen.

5. ▪ Weißt du was, wir laden mein___ Nachbar___ und dein___ Kolleg___ zu meiner Party ein.

6. ▫ Abgemacht: Dein neu___ Nachbar und mein Kollege werden eingeladen. Vielleicht wird was draus!

8 Ein Skandal!

Ergänzen Sie in der Zeitungsmeldung die fehlenden Wörter.

> belasten | Umweltskandal | Fabrik | Sondermüll | besichtigen | Chemiefässer | entdeckt | fanden | schockiert | beweisen | Umwelt | Bürgermeister

Giftmüll in Herfeld

Ein ___ auf dem Gelände einer ehemaligen ___ in Herfeld wurde zufällig ___. Die Mitglieder eines Naturschutzvereins ___ das Gelände und die Gebäude im Rahmen einer Führung und ___ dabei alte ___. Ottkar Mühlenfeld, ___ der Gemeinde, ist ___: „Die Fotos ___ eindeutig, wie die Fässer und anderer ___ auf dem Gelände vergammeln und damit die ___ und das Grundwasser ___."

9 Was den ganzen Tag über so passierte!

Ergänzen Sie bitte die Sätze. Setzen Sie die Verben ins Passiv Präteritum.

1. Ich _____ früh _____ . | wecken

2. Auch du _____ schon um 7 Uhr vom Chef _____ . | anrufen

3. Wegen der Krise _____ eine Pressekonferenz _____ . | organisieren

4. Wir _____ über die neuen Entwicklungen _____ . | informieren

5. Ihr _____ wegen der Probleme _____ . | ansprechen

6. Die richtigen Entscheidungen _____ _____ . | durchsetzen

10 Ein neuer Buchladen

a | Was wurde vor der Eröffnung in welcher Reihenfolge gemacht? Nummerieren Sie bitte die Aktionen.

das Geschäft mieten [1] | Regale einräumen [__] | Kisten auspacken [__] | Wände streichen [__] | Anzeigen aufgeben [__] | Bücher liefern [__] | Kunden begrüßen [7]

b | Vom Ende bis zum Anfang: Schreiben Sie Sätze im Passiv Präteritum.

1. Bevor die ersten Kunden _____

   wurden _____

2. Bevor die Anzeigen _____

3. _____

4. _____

5. _____

6. Aber zuallererst _____

11 Wichtige Erfindungen und Entdeckungen

Die Informationen sind durcheinandergeraten. Lesen Sie zuerst alles und schreiben Sie dann die Fragen und die Antworten mit den richtigen Namen.

1. Auto | Melitta Benz | perfektionieren: ■ Wurde das Auto von Melitta Benz perfektioniert?
   □ Nein, die Herren Daimler und Benz perfektionierten es.

2. Dieselmotor | August Oetker | entwickeln:

3. Relativitätstheorie | Rudolf Diesel | entdecken:

4. Kaffeefilter | Albert Einstein | erfinden:

5. Backpulver | Herren Daimler und Benz | bekannt machen: ■ Und das Backpulver?
   □ Das Backpulver

12 Ein Kriminalfall

a | Wie ist die Reihenfolge? Nummerieren Sie.

☐ informieren | die Polizei
☐ fassen | der Täter
☐ verurteilen | der Verbrecher
☐ finden | die Waffe
☐ die Polizei bestechen wollen | der Verbrecher
☐ stattfinden | der Prozess
☐ tot zusammenbrechen | das Opfer
☐ geben | ein Kampf (m.)

b | Schreiben Sie die Geschichte im Präteritum. Achten Sie darauf, ob Sie das Passiv oder das Aktiv brauchen.

(1) Es gab _____ (2) und _____.

(3) _____ und (4) _____.

_____. Bereits nach zwei Tagen (5) _____, aber (6) _____.

Schließlich (7) _____, in dem (8) _____.

13 Krimi-Pläne

Machen Sie aus den Notizen Vermutungen mit *könnte*. Achten Sie auf die Verben und schreiben Sie Sätze, die sich auf die Vergangenheit oder die Gegenwart beziehen.

- Gärtner: Schmuck gestohlen? – vielleicht
- Nichte: Polizei bestochen? – eventuell
- Kinder rächen sich? – möglicherweise
- Hat das Opfer laut geschrien? – vielleicht
- Polizei verfolgt zuerst falsche Person?
- Täterin: Fingerabdrücke hinterlassen?

1. Der Gärtner könnte vielleicht
2.
3.
4.
5.
6.

Vielleicht sollte ich zwei Krimis schreiben!

14 Printmedien

Ordnen Sie die Wörter.

die Schlagzeile | die Journalistin | der Bestseller | der Autor | der Verlag | die Innenpolitik | das Wetter | der Sport | der Roman | die Nachricht | der Klappentext | die Meldung

Zeitung:

Buch:

15 Lesetext: Großer Krimi-Autor tot

a | Lesen Sie den Text aus dem Neustädter Stadtblatt und ordnen Sie die Textteile.

Martin Meller, Träger mehrerer Auszeichnungen für seine spannenden Krimis, ist tot. Gestern starb der bekannte Autor, der seit 30 Jahren in Neustadt lebte, an einer schweren Krankheit.

[ ] Doch dann kaufte ein Verlag das Manuskript – und das Buch wurde ein großer Erfolg. Es folgten zehn Bücher mit Kommissar Leben und seiner Katze Pia sowie weitere Krimis, die immer auch von Tieren handelten.

[1] Die Anfänge seines Schreibens waren durchaus mühsam. Martin Mellers Geschichten mit dem ungewöhnlichen Kommissar Leben, der mit einer Katze zusammenarbeitet und sich von ihr Tipps holt, wurden von vielen Verlagen zunächst abgelehnt.

[ ] Vor drei Jahren fragte ich den Autor, wie er auf die Ideen für seine Bücher kommt. „Ich beobachte die Menschen. Beim Spazierengehen, in den Geschäften, auf der Straße. Ich erfinde nichts, ich kombiniere nur meine Informationen neu", antwortete er mir.

Martin Meller arbeitete hart an seinen Texten. Er war davon überzeugt, dass Selbstdisziplin für einen Schriftsteller extrem wichtig ist.

[ ] Seit fünf Jahren veranstaltete Martin Meller im Sommer Kurse mit dem Titel „Wie werde ich Krimi-Autor?", in denen er seine Erfahrungen an Interessierte weitergab.

Martin Meller wird uns immer in guter Erinnerung bleiben.

[ ] Meller saß jeden Tag von 8 Uhr früh bis 13 Uhr am Computer und schrieb. Der Nachmittag war für Recherchen reserviert. „Nur durch das Schreiben lernt man Schreiben und wird auch immer besser", war seine Überzeugung. „Natürlich ist Talent wichtig, aber Schreiben ist auch ein Handwerk, das man erlernen kann und üben muss."

b | Was ist richtig? Kreuzen Sie an.

1. a. [ ] Martin Mellers Kommissar ist eine Katze.
   b. [ ] Martin Mellers Kommissar hat eine Katze.

2. a. [ ] Der Autor schrieb auch Tierbücher.
   b. [ ] Der Autor schrieb nur Krimis.

3. a. [ ] Martin Meller schrieb nur zehn Bücher.
   b. [ ] Martin Meller schrieb mehr als zehn Bücher.

4. a. [ ] Er arbeitete immer den ganzen Tag.
   b. [ ] Er arbeitete nur am Vormittag.

5. a. [ ] Er meinte, dass man viel Schreiben muss, um gut zu sein.
   b. [ ] Er meinte, dass man vor allem Talent braucht, um ein guter Autor zu sein.

16 Einen Text analysieren und rekonstruieren

a | Lesen Sie den Facebook-Eintrag. Ergänzen Sie die Sätze und überlegen Sie zuerst, welche Struktur gebraucht wird oder was für ein Wort fehlt.

Das _____ (1) euch bestimmt interessieren:
Ein neuer Weltrekord _____ _____ (aufstellen) (2)! Ein_____ jung_____
österreichisch_____ Student_____ (3) ist es gelungen, in 48 Stunden mit seinem Fahrrad fast
29 000 Höhenmeter zu fahren. Trotz _____ schlechte_____ Wetter_____ (4) bewältigte er
eine 1,8 Kilometer lange, knapp 10 Prozent steile Straße 164 Mal. Bei strömendem Regen ging es
_____ Start bei einem Gasthaus _____ (5) Ziel und zurück. Eine tolle Leistung!

1. ☐ Indikativ   ☐ Konjunktiv
2. ☐ Passiv Präteritum ☐ Aktiv Präteritum
3. ☐ Akkusativ   ☐ Dativ
4. ☐ Dativ   ☐ Genitiv
5. ☐ Präposition mit Akkusativ   ☐ Präposition mit Dativ

b | Ergänzen Sie jetzt die Wörter und vergleichen Sie mit dem Lösungsschlüssel.

c | Lesen Sie den Text oben mehrmals genau durch. Merken Sie sich besonders die Stellen, wo Sie Wörter eingesetzt haben. Ergänzen Sie dann die Lücken – möglichst ohne nachzusehen!

Das _____ :

Ein _____ !

Einem _____ ,

in 48 Stunden mit seinem Fahrrad fast 29 000 Höhenmeter zu fahren.

_____ bewältigte er eine 1,8 Kilometer

lange, knapp 10 Prozent steile Straße 164 Mal.

Bei strömendem Regen ging es _____

_____ . Eine tolle Leistung!

17 Richtig schreiben: Doppelkonsonanten

Welche Doppelkonsonanten fehlen? Schreiben Sie die Wörter in die richtigen Zeilen.

die Eri___erung | der Flu___ | die Que___e | der Fa___ | der Baumsta___ | die Ö___entlichkeit | das Selbstbewu___tsein | die I___enpolitik | die Wa___e | der Proze___ | einsa___eln | herste___en | zusa___enbrechen | eventue___ | i___egal | o___enbar | hinter den Kuli___en | nicht alle Ta___en im Schrank haben

ff: _____

ll: _____

mm: _____

nn: _____

ss: _____

Meine 2. Identität

In Lektion 25 haben Sie auf Facebook um Unterstützung für ein Anliegen geworben. Was Sie sich vorgenommen hatten, hat prima funktioniert. Schreiben Sie einen Blog-Beitrag, in dem Sie die Aktivität vorstellen und allen, die sich beteiligt haben, danken. Lesen Sie vorher noch einmal nach, wofür Sie sich engagieren wollten.

| HOME | KONTAKT | ARCHIV | ÜBER MICH | TAGS | Suchen |

★ ★ ★ ★ ★ Bewertungen

28 Mit Respekt

1 Respekt am Arbeitsplatz

sich zu Wort melden | anlächeln | die Tür aufhalten | anklopfen

Ergänzen Sie bitte die Sätze.

1. Wenn ich über das Firmengelände gehe, grüße ich alle und _____.
2. Bevor ich die Büroräume der Kollegen betrete, _____.
3. Wenn wir nach dem Essen aus der Kantine gehen, _____.
4. In Besprechungen _____ mit einem Handzeichen _____.

2 Partikeln

a | Wo stehen die Partikeln? Schreiben Sie Dialoge mit den Vorgaben.

1. können | du | helfen | mal | mir   sein | wo | denn | das Problem
   - ▪ Kannst du mir mal helfen?
   - □ Ja, gern. Wo

2. beginnen | das Konzert | wann | eigentlich   wissen | du | das | nicht | denn
   - ▪ _____
   - □ _____

3. denn | gestern | du | Maria | treffen   toll | sein | wirklich | unsere Verabredung
   - ▪ _____
   - □ Ja, und _____

b | Kreuzen Sie die passende Partikel an.

1. ▪ Sag ☐ mal ☐ nur, hast du Lust ins Kino zu gehen?
2. □ Was läuft ☐ eben ☐ denn?
3. ▪ Der neue Film mit Jennifer Lopez. Der ist bestimmt gut, sie ist ☐ einfach ☐ mal toll!
4. □ Wann beginnt er ☐ ja ☐ denn?
5. ▪ Um 19.00 Uhr.
6. □ Das ist leider zu früh. Ich muss ☐ ja ☐ eben noch was im Büro erledigen.
7. ▪ Mach das ☐ doch ☐ eben morgen früh. Das reicht ☐ schon ☐ nur.
8. □ Tja, das sieht meine Chefin ☐ halt ☐ mal leider anders.

3 Fernsehen

Ergänzen Sie die Nomen.

Werbespots | Talkshows | Dokumentationen | Serie | Nachrichten | Sendungen

1. Marika interessiert sich für Politik. Sie sieht jeden Tag die **Nachrichten**.

2. Mark sieht am liebsten **Dokumentationen** über fremde Länder.

3. Immer wenn die **Werbespots** laufen, bereitet Erika Snacks und Getränke vor.

4. Andrea liebt **Talkshows** mit Prominenten, aber sie ärgert sich, dass ihr Freund jede Krimi-**Serie** sehen will, besonders gerne sieht er sich die Tatort-**Sendungen** an.

4 Tratsch unter Nachbarn

Ergänzen Sie die Sätze. Verwenden Sie *sollen* und ein passendes Verb aus dem Schüttelkasten.

besuchen | bekommen haben | sein | gegeben haben | verreist sein

1. ▪ Haben Sie schon gehört? Die Müllers **sollen** vier Wochen **verreist sein**.

2. ▫ Ja, ich weiß. Und ihren Hund **sollen** sie in eine Tierpension **gegeben haben**.

3. ▪ Aha. Wohin sind sie denn gefahren?

4. ▫ Also ihr Sohn, der Thomas, **soll** auf einer Kanutour in Norwegen **sein** und Herr und Frau Müller **sollen** einen Sprachkurs in Oslo **besuchen**.

5. ▪ Ach was! Warum das denn?

6. ▫ Ja, wissen Sie das nicht? Sie wandern aus! Frau Müller **soll** eine richtig gute Stelle in einer norwegischen Firma **bekommen haben**!

5 Wiederholen Sie: Komparativ

Bilden Sie Komparativformen und ergänzen Sie die Sätze. Achten Sie auch auf die Endungen!

gut | groß | gemütlich | gern | interessant

1. ▪ Gehen wir ins Kino?
2. ▫ Nein, ich möchte _____ zu Hause fernsehen.
3. ▪ Aber im Kino gibt es ein _____ Bild, einen _____ Ton und eine _____ Atmosphäre.
4. ▫ Stimmt alles, aber zu Hause ist es einfach _____ .

6 Fernsehen macht dick

Welche Sätze sind richtig? Kreuzen Sie an.

1. a. ☐ Desto mehr ich fernsehe, desto weniger Sport mache ich.
   b. ☐ Je mehr ich fernsehe, desto weniger Sport mache ich.
2. a. ☐ Je weniger ich mache Sport, desto dicker werde ich.
   b. ☐ Je weniger Sport ich mache, desto dicker werde ich.
3. a. ☐ Je dicker ich werde, umso mehr sehe ich fern.
   b. ☐ Je dicker ich werde, umso sehe ich mehr fern.

7 je ..., desto / umso

Schreiben Sie Sätze mit *je ..., desto / umso*. Vergessen Sie das Komma nicht!

1. man | häufig | fernsehen | wenig Zeit | für andere Dinge | haben

   _____

2. geben | viele Programme | Auswahl | schwer | sein

   _____

3. man | lange | fernsehen | schlecht | schlafen

   _____

4. Fernsehgerät | teuer | sein | Qualität | gut | sein

   _____

8 Werbung im Fernsehen

Welche Argumente sind für Werbespots (pro), welche dagegen (contra)? Markieren Sie mit *p* und *c*.
Schreiben Sie dann Sätze mit *zwar …, aber*, beginnen Sie immer mit den pro-Argumenten.

1. Die Leute kaufen mehr als sie brauchen. [c]   Man wird über Sonderangebote informiert. [p]

   Man wird zwar über Sonderangebote informiert,

2. Durch die Werbung werden die Produkte teurer. [ ]   Man lernt neue Marken kennen. [ ]

3. Die Werbung sichert Arbeitsplätze. [ ]   Die Werbung beeinflusst unser Kaufverhalten. [ ]

4. Mit dem Geld aus der Werbung kann man das Programm verbessern. [ ]
   Bei den Privatsendern gibt es zu viel Werbung. [ ]

5. Die Werbung unterbricht spannende Filme. [ ]   Man kann in der Pause Getränke holen. [ ]

9 Eine Zeitungsmeldung

Tatsache | Rücksicht | Einwand | Benachteiligung | Bürgerinitiative

Ergänzen Sie die Nomen.

In der Lindensiedlung wurde eine _____ gegen Hunde im Park gegründet.
In der Siedlung leben viele Eltern mit Kleinkindern. Es ist eine _____ , dass viele Grünflächen von Hunden verschmutzt werden. Hundebesitzer nehmen zu wenig _____ auf spielende Kinder. Es kommt aber auch zu einer _____ anderer Parkbesucher. Der _____ der Hundebesitzer, dass der Park von allen uneingeschränkt genutzt werden kann, ist stark kritisiert worden.

10 Redemittel

Ordnen Sie die Redemittel zu.

> Stimmt genau! | Da bin ich anderer Meinung. | Ich verstehe Ihren Standpunkt, aber … |
> So kann man das nicht sagen. | Das denke ich auch. | Glauben Sie das wirklich? |
> Sie haben zwar Recht, aber andererseits … | Das sehe ich anders.

1. Da bin ich Ihrer Meinung:

2. So ist das nicht richtig:

3. Ja, aber ich möchte einwenden:

11 Immer diese Kritik!

a | Was passt nicht? Streichen Sie das falsche Verb durch.

1. Er ist sehr empfindlich. Er kann keine Kritik ~~bekommen~~ | annehmen.
2. Nichts passt dir! Immer musst du Kritik üben | nehmen.
3. Kritik zu akzeptieren | machen, muss man erst lernen.
4. Sie hat den Vorschlag nicht akzeptiert. Sie hat daran Kritik genommen | geäußert.
5. Anna war sehr offen. Ich finde, sie kann gut mit Kritik umgehen | annehmen.
6. Die Vorgesetzten haben die Kritik an den neuen Arbeitszeiten abgewehrt | abgenommen.

b | Notieren Sie die richtigen Nomen-Verb-Verbindungen.

Kritik annehmen,

→ KB 17

12 ohne ... zu

Welche Sätze gehören zusammen?
Ordnen Sie zu.

1. Der alte Mann überquert die Straße,
2. Die Fahrradfahrer fahren auf dem Gehweg,
3. Die Kinder spielen auf der Straße,
4. Die Autofahrer fahren an den Kindern vorbei,
5. Der Politiker argumentiert gegen eine Wohnstraße,

a. ohne die Ängste der Eltern zu beachten.
b. ohne nach links und rechts zu sehen.
c. ohne auf den Verkehr zu achten.
d. ohne auf die Fußgänger Rücksicht zu nehmen.
e. ohne die Geschwindigkeit zu reduzieren.

1	2	3	4	5

13 Das stört mich!

Jens beklagt sich über seinen Mitbewohner Tim. Verbinden Sie die Sätze, verwenden Sie *ohne ... zu*.

1. sich rasieren | das Waschbecken nicht putzen

   Tim rasiert sich, ohne

2. schlafen gehen | das Licht nicht ausschalten

   Er

3. einkaufen gehen | die Pfandflaschen nicht mitnehmen

4. eine Party feiern | danach das Wohnzimmer nicht aufräumen

5. mit meinem Auto fahren | den Benzintank nicht wieder auffüllen

14 Verhaltensweisen am Arbeitsplatz

Verbinden Sie die Sätze mit *statt … zu*.

1. Katja telefoniert stundenlang. Sie arbeitet nicht.

   Katja telefoniert stundenlang, statt zu arbeiten.

2. Peter unterhält sich mit den Kollegen. Er bedient die Kunden nicht.

3. Simon geht schlecht gelaunt nach Hause. Er spricht mit den Kollegen nicht über das Problem.

4. Einige erledigen die Aufgaben falsch. Sie fragen nicht noch einmal nach.

5. Ein Kollege reagiert verärgert. Er gibt seinen Fehler nicht zu.

15 Sätze verbinden

Ergänzen Sie *zwar … aber, ohne … zu, statt … zu, je … desto*.

1. Sie geht lieber zu Fuß zur Arbeit, _____ mit dem Bus _____ fahren.
2. Ich habe die Aufgabe allein gelöst, _____ in den Lösungen nach_____ sehen.
3. Sie hört bei Diskussionen eher zu, _____ sofort Stellung _____ nehmen.
4. _____ regelmäßiger du die Nachrichten ansiehst, _____ besser bist du informiert.
5. Sie sind weggefahren, _____ sich _____ verabschieden.
6. Meine neue Kollegin ist _____ zuverlässig, _____ oft unpünktlich.
7. Er ist nach Hause gegangen, _____ an dem Projekt weiter_____ arbeiten.
8. Elke arbeitet _____ sehr sorgfältig, _____ sie ist zu langsam.
9. _____ schneller wir arbeiten, _____ zufriedener sind unsere Kunden.
10. Der Chef erkennt _____ unsere Leistung an, _____ mehr Gehalt bekommen wir nicht.

16 Lesetext: Ein Interview mit Frau Montes

a | Lesen Sie die Sätze im Schüttelkasten und markieren Sie die Wortgrenzen.

> könnensiebeidesprachengleichgut | habensienachdemabiturstudiert | dasheißtsie
> hattenkeineproblemewegenihrerspracheundherkunft | sinddenndiedeutschenwirklich
> sopünktlichordentlichundorganisiert | warumsprechensiesoakzentfreideutsch

b | Lesen Sie jetzt das Interview, das eine Reporterin des Neustädter Tagblattes mit Frau Montes geführt hat. Ordnen Sie die Interviewfragen aus a zu. Achten Sie auf die Groß- und Kleinschreibung!

• Frau Montes, Sie sind doch Spanierin, _____

▫ Ich bin zwar in Spanien geboren, aber meine Eltern sind nach Deutschland gezogen, als ich vier Jahre alt war. Spanisch ist meine Muttersprache, aber ich bin in Deutschland aufgewachsen. Deutsch habe ich im Kindergarten und vor allem in der Schule gelernt. Meinen Eltern war immer wichtig, dass ich die Sprache richtig lerne.

• _____

▫ Na ja, es gab Zeiten, da musste ich schon hart kämpfen. Ich hatte in der Schule Schwierigkeiten und meine Eltern konnten mir nicht bei den Hausaufgaben helfen. Erst nach der Hauptschule habe ich das Gymnasium besucht und das Abitur gemacht. Meine Mitschülerinnen und Lehrer haben mir dabei sehr geholfen.

• _____

▫ Deutsch beherrsche ich in Wort und Schrift. In meiner Muttersprache habe ich nur wenig geschrieben. Mit 18 Jahren habe ich mich in meinen späteren Mann verliebt, er lebte damals noch in Spanien. Ihm habe ich meine ersten richtig langen Briefe auf Spanisch geschrieben.

• _____

▫ Das wollte ich eigentlich. Aber wir haben jung geheiratet und bald kam das erste Kind. Deswegen bin ich auch zu Hause geblieben. Zwischendurch habe ich immer wieder in Restaurants ausgeholfen. Da habe ich gemerkt, dass die spanischen Snacks, die Tapas, bei den Deutschen sehr beliebt sind. Jetzt sind die Kinder groß und ich möchte eine eigene Cateringfirma betreiben.

• Zum Abschluss noch eine kulturelle Frage: _____

▫ Nein, das stimmt so nicht. Das sind wirklich nur Stereotype. Immer wenn ich es eilig habe, kommt der Bus zu spät. Was mir hier im Vergleich zu anderen Ländern gut gefällt, ist die konsequente Mülltrennung und die sauberen Straßen. Nur die traditionelle deutsche Küche mag ich nicht besonders. Ich esse zwar gern Currywurst und Sauerkraut, aber ich bevorzuge die spanische Küche.

17 Einen Text analysieren und rekonstruieren

a | Lesen Sie die Filmvorschau und entscheiden Sie, was für ein Wort fehlt. Kreuzen Sie an.

Bald kommt der Film NOBI ins Kino. Er handelt _____ (1) Nobi, einem jungen Afrikaner, und seinen Erfahrungen in Deutschland. In einer Szene möchte er mit seiner Freundin eine Disco besuchen. _____ (2) er eintreten will, wird er vom Türsteher nicht eingelassen. Das Lokal soll schon voll besetzt _____ (3). Nobi sieht, dass während des Gesprächs mit dem Türsteher andere Leute in das Lokal gehen können. Nobis Freundin will deshalb _____ (4) Ausrede nicht akzeptieren. Sie möchte den Geschäftsführer sprechen. _____ (5) Grund wird Nobi von dem Türsteher geschlagen und verletzt. Aber Nobi gibt nicht auf. Der Film hat zwar ein gutes Ende, aber wird _____ (6) die rassistische Türpolitik ändern können?

1. ☐ Artikel   ☐ Präposition
2. ☐ Konnektor   ☐ Adverb
3. ☐ Verb im Infinitiv ☐ Verb im Präsens
4. ☐ bestimmter Artikel ☐ unbestimmter Artikel
5. ☐ Präposition   ☐ Konnektor
6. ☐ Pronomen   ☐ Negation *nicht*

b | Ergänzen Sie jetzt die Wörter und vergleichen Sie mit dem Lösungsschlüssel.

c | Lesen Sie den Text oben mehrmals genau durch. Merken Sie sich besonders die Stellen, wo Sie Wörter eingesetzt haben. Ergänzen Sie dann die Lücken – möglichst ohne nachzusehen!

Bald kommt der Film NOBI ins Kino. _____, einem jungen Afrikaner, und seinen Erfahrungen in Deutschland. In einer Szene möchte er mit seiner Freundin eine Disco besuchen. _____, wird er vom Türsteher nicht eingelassen. _____. Nobi sieht, dass während des Gesprächs mit dem Türsteher andere Leute in das Lokal gehen können. Nobis Freundin will _____. Sie möchte den Geschäftsführer sprechen. _____ und verletzt. Aber Nobi gibt nicht auf. Der Film hat _____ die rassistische Türpolitik ändern können?

18 Richtig schreiben: [ʃ]

Welche Buchstabenkombination ist richtig: *sp*, *st* oder *sch*? Achten Sie auch auf die Groß- und Kleinschreibung!

Bau____stelle | ent____schuldigen | Vor____stellung | Computer____spiel | ____spannend |

Auf____stieg | be____schuldigen | ____Speisekarte | Roll____stuhl | ____Stellenanzeige |

unver____ständlich | ____Spaziergang | Zu____schauer | An____sprache | ge____spalten |

____Städt | Kli____schee | ____Park | ____Spruch | ____stören | ____Stadtverwaltung |

____streiten

Meine 2. Identität

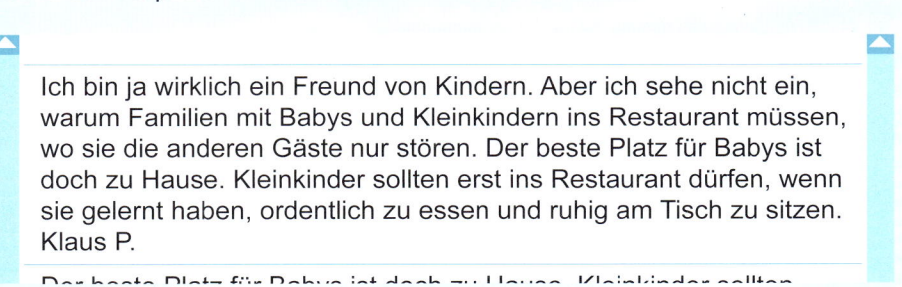

Sie lesen in einem Internetforum, dass Familien mit Kleinkindern in Restaurants stören. Wie reagieren Sie in Ihrer 2. Identität darauf? Schreiben Sie Ihre Meinung dazu, verwenden Sie passende Redemittel.

> Ich bin ja wirklich ein Freund von Kindern. Aber ich sehe nicht ein, warum Familien mit Babys und Kleinkindern ins Restaurant müssen, wo sie die anderen Gäste nur stören. Der beste Platz für Babys ist doch zu Hause. Kleinkinder sollten erst ins Restaurant dürfen, wenn sie gelernt haben, ordentlich zu essen und ruhig am Tisch zu sitzen.
> Klaus P.

Hallo Klaus,

29 Grenzen überwinden

1 Gefühle

Welche Gefühle zeigen sich in den Aussagen? Verbinden Sie.

1. Mein Sohn ist ein hervorragender Arzt. ○
2. Hurra! Wir haben es geschafft! ○
3. Zum Glück ist niemand verletzt! ○
4. Erzähl doch, wie ist es gelaufen? ○
5. Morgen ist der Test! Ich kann sicher nicht schlafen. ○
6. Ich glaube, alles wird gut! ○

○ Neugier
○ Angst
○ Freude
○ Stolz
○ Erleichterung
○ Hoffnung

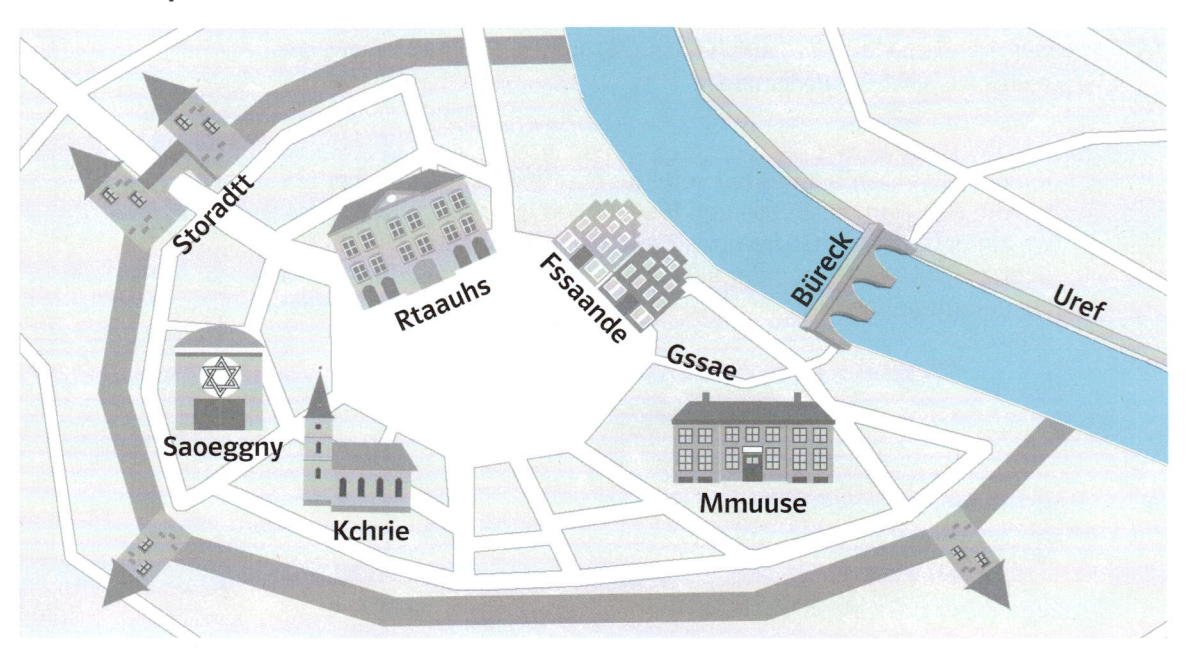

2 Ein Stadtplan mit Fehlern

Labels on map: Storadtt, Rtaauhs, Fssaande, Büreck, Uref, Gssae, Saoeggny, Kchrie, Mmuuse

Wie heißen die Wörter richtig? Lesen Sie den Text und ergänzen Sie die Wörter.

Wir betreten die Altstadt durch das _____. Mitten auf dem Marktplatz steht das _____ aus dem 18. Jahrhundert. Die _____ einiger Häuser sind noch älter. Eine schmale _____ führt zum _____ des Flusses. Entlang des Flusses ist ein Fahrradweg, über den Fluss führt eine _____. In der Altstadt befinden sich die St.- Michael- _____ aus dem 15. Jahrhundert, ein Palais, in dem sich das _____ befindet, und eine neue _____.

→ KB 4

3 bis und seit

Was ist logisch? Lesen Sie die Situation und die beiden Angaben.
Bilden Sie einen Satz mit *bis* und einen Satz mit *seit*.

1. Es gab ein Unwetter: Es ist kühl geworden. | Es war schrecklich heiß.

   Bis es ein Unwetter gab, war

   Seit

2. Ich habe Urlaub: Ich habe schrecklich viel zu tun. | Mir ist langweilig.

3. Jan hat ein eigenes Auto: Er fährt mit dem Auto seines Vaters. | Er muss alle Kosten selbst tragen.

4. Ana macht die Prüfung: Sie bewirbt sich um bessere Jobs. | Sie muss noch viel lernen.

   _____ gemacht hat, _____

→ KB 5

4 Vergangenheitsformen

Ergänzen Sie die Tabelle.

Perfekt	Präteritum	Plusquamperfekt
Ich habe die Stadt besichtigt.		
	Du fandest es interessant.	
Die Stadt ist zusammengewachsen.		
	Wir lasen den Stadtführer.	
		Ihr hattet euch amüsiert.
Die Touristen sind gekommen.		

29 Grenzen überwinden | Zusatzübungen

5 Ein neuer Job in einer neuen Stadt

Schreiben Sie Sätze mit *nachdem*. Verwenden Sie Plusquamperfekt und Präteritum.

1. Wir: am Bahnhof ankommen | ins Hotel fahren

   Nachdem wir

2. Wir: das Zimmer bekommen | Gerd: sofort den Chef treffen wollen

3. Ich: mich umziehen | wir: die Firma suchen

4. Der Chef: uns begrüßen | er: uns den Kollegen vorstellen

5. Wir: uns verabschieden | das Hotel nicht mehr finden

6. Wir: ein paar Bier trinken | uns mit dem letzten Geld ein Taxi leisten

6 Präteritum oder Plusquamperfekt?

Setzen Sie den Text in die Vergangenheit. Schreiben Sie die Formen über die Verben.

Niko <u>lebt</u> *(lebte)* in Innsbruck. Drei Jahre zuvor ist er aus Italien nach Österreich gezogen. Er studiert in Innsbruck Medizin. Vorher hat er schon in Italien ein Studium begonnen. Aber er will einmal etwas Neues kennen lernen. Nachdem er sich in der neuen Umgebung eingelebt hat, fühlt er sich sehr wohl. Obwohl ihn seine Freunde in Italien vor der deutschen Sprache gewarnt haben, lernt er die Sprache schnell. Schon bald kann er sich mit den einheimischen Studenten unterhalten. Trotzdem freut er sich, wenn er in den Ferien nach Hause fahren kann. Im Juni, sobald er die letzte Prüfung gemacht hat, setzt er sich in sein Auto und fährt nach Hause. Aber immer wenn der Sommer zu Ende ist, freut er sich wieder auf seine Studienkollegen und Freunde in Österreich.

7 Rekorde

Was ist richtig: *als* oder *wie*? Kreuzen Sie an.

Wussten Sie schon, …

1. dass Deutschland nur halb so groß ist ☐ als ☐ wie Texas?

2. dass Blonde ca. 50 Prozent mehr Haare haben ☐ als ☐ wie Menschen mit dunklen Haaren?

3. dass ein Sechser im Lotto wahrscheinlicher ist, ☐ als ☐ wie von einem Blitz getroffen zu werden?

4. dass Skifahrer bei Abfahrtsrennen gleich schnell fahren ☐ als ☐ wie Autos auf der Autobahn?

5. dass Bambus schneller wächst ☐ als ☐ wie alle anderen Pflanzen?

8 So war der Urlaub

Was berichtet Hans-Uwe? Schreiben Sie Vergleichssätze mit *als* oder *wie*.
Achten Sie bei *als* auf den Komparativ.

1. Der Urlaub war entsetzlich langweilig. Das hatte ich mir nicht so vorgestellt.

   Der Urlaub war langweiliger, als ich es mir _____

2. Das Angebot klang zwar gut, war es aber nicht.

3. Ich mag solche Abenteuerurlaube nicht so gern, meine Freude aber schon. (Kein Komma!)

4. Es regnete oft. Ich hatte es erwartet.

   _____ so oft, _____

5. Es wurde früh dunkel. Bei uns wird es später dunkel. (Kein Komma!)

6. Deshalb habe ich viel geschlafen. Das hatte ich nicht geplant.

9 Märchenstunde: Dornröschen

Als Dornröschen geboren wurde, kamen die Feen des Landes und sagten dem Kind die Zukunft voraus. Schreiben Sie Sätze im Futur I.

1. viel Geld haben | 2. wunderschöne Frau werden | 3. einen reichen Mann heiraten | 4. stolz sein

Die gute Fee versprach:

1. Du
2. Das Kind
3. Dornröschen
4. Deine Eltern

Aber die böse Fee sagte:

5. Du | an deinem 15. Geburtstag | dir in den Finger stechen und sterben

Die letzte Fee sagte:

6. Du | nicht sterben | aber 100 Jahre schlafen

10 Prophezeiungen

Formulieren Sie die Sätze um. Verwenden Sie *dass* und das Futur I.

1. Der Gelehrte Nostradamus prophezeite für das Jahr 2011 zahlreiche Katastrophen.

    Nostradamus prophezeite, dass es

2. Die Krake Paula sagte den Sieg der Spanier bei der Fußball-WM 2010 voraus.

    Die Krake Paula sagte voraus,

3. Die Maya verkündeten den Weltuntergang für den 21. Dezember 2012.

4. Mein Horoskop verspricht mir einen guten Job.

11 Beurteilungen im Arbeitszeugnis

Welche Formulierung ist positiver? Kreuzen Sie an.

1. a. ☐ Herr Schuster hat den Anforderungen im Wesentlichen entsprochen.
   b. ☐ Herr Schuster hat den Anforderungen voll entsprochen.

2. a. ☐ Herr Schuster war Kunden gegenüber stets freundlich.
   b. ☐ Herr Schuster war stets um einen freundlichen Umgang mit den Kunden bemüht.

3. a. ☐ Herr Schuster hat die Aufgaben im Großen und Ganzen erledigt.
   b. ☐ Herr Schuster hat die Aufgaben zu unserer vollsten Zufriedenheit erledigt.

4. a. ☐ Sein Verhalten gegenüber Vorgesetzen und Kollegen war stets einwandfrei.
   b. ☐ Sein Verhalten gegenüber Vorgesetzten und Kollegen war überwiegend zufriedenstellend.

12 werden

a | Ergänzen Sie die Formen von *werden*.

1. **A** Was _____ ihr in Deutschland machen?
2. **B** Ich studiere und _____ Ingenieur.
3. **C** Ich möchte Lehrerin _____ .
4. **A** Das _____ wahrscheinlich nicht leicht.
5. Aber ich bin sicher, dass du alles tun _____ , was nötig ist.
6. **C** Ich denke, dass meine Studienkollegen mir helfen _____ .
7. **B** Ich hoffe, dass mein Abschlusszeugnis in Deutschland anerkannt _____ .
8. **C** Wir _____ es bestimmt schaffen!

b | Welche Funktion hat *werden* in den Sätzen?

Hilfsverb für das Passiv: ☐

Vollverb: ☐ , ☐ , ☐

Hilfsverb für das Futur I: 1 , ☐ , ☐ , ☐

13 Wortbildung

a | Wie heißen die Adjektive? Ordnen Sie zu und schreiben Sie.

bürokrat- | energi- | einmal- | gesetz- | holpr- | ungewöhn- | zufäll- | optimist- | rest- | ausländ-

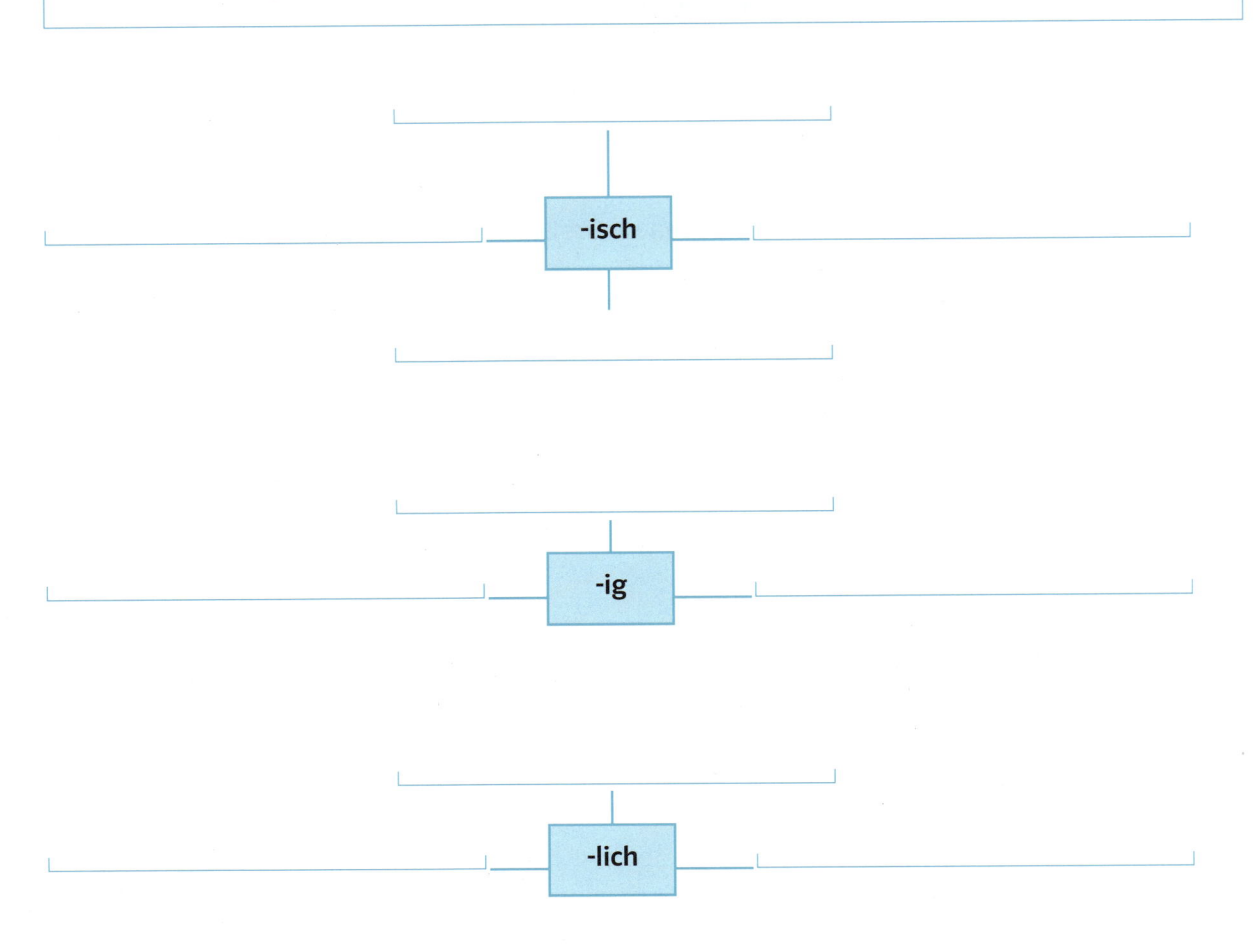

-isch: bürokratisch, energisch, optimistisch, ausländisch

-ig: einmalig, holprig, zufällig

-lich: gesetzlich, ungewöhnlich, restlich

b | Ergänzen Sie das passende Adjektiv aus a. Achten Sie auf die Endungen!

1. Der **bürokratische** Aufwand ist sehr hoch.

2. Ich bin **optimistisch**, dass ich die Prüfung schaffen werde.

3. Das ist eine **einmalige** Gelegenheit.

4. Mit seinem **holprigen** Deutsch wird er Probleme haben.

5. Die **gesetzliche** Regelung zur Anerkennung von **ausländischen** Abschlüssen wurde überarbeitet.

6. Die **restlichen** Aufgaben erledige ich morgen.

14 Lesetext: Eine Dolmetscherin zu Gast

a | Lesen Sie den Text schnell durch und markieren Sie am Rand die Reihenfolge der Themen: (A) Gehalt, (B) Konkurrenz durch Computer, (C) Aufgaben einer Dolmetscherin, (D) Ausbildung.

Lisa und Markus haben einen Gast: Lukas hat Marina Gonzales in Spanien kennen gelernt, als er dort für seine Firma gearbeitet hat. Marina ist Dolmetscherin und zurzeit ist sie für ihre Firma in Neustadt. Marina muss bei Firmenverhandlungen dolmetschen, also Gesprochenes von einer Sprache in die andere übertragen, aber sie übersetzt auch Verträge und andere schriftliche Texte.

„Welche Sprachen kannst du denn?" fragt Lisa. „Ich habe Englisch und Deutsch studiert. Und natürlich muss ich auch meine Muttersprache Spanisch sehr gut können", gibt Marina Auskunft. „Verdient man als Dolmetscherin und Übersetzerin eigentlich viel?", will Max wissen. Lisa ist diese Frage unangenehm, aber Marina lacht nur. „Das ist ganz unterschiedlich", antwortet sie. „Ich habe Glück, dass ich bei einer Firma fest angestellt bin. Das bedeutet, dass ich ein monatliches Gehalt und regelmäßige Arbeitszeiten habe. Die meisten Dolmetscher und Übersetzer arbeiten nämlich freiberuflich, das heißt, dass sie auf Aufträge angewiesen sind. Da kann es schon passieren, dass man manchmal sehr viel und dann wieder nichts zu tun hat. Wirklich gut verdienen Dolmetscher, die für die EU arbeiten, aber die müssen auch richtige Profis sein und strenge Aufnahmetests bestehen."

„Sind Übersetzungsprogramme nicht eine große Konkurrenz?", möchte Lukas wissen. „Ach, seit es die Programme gibt, wird gewarnt, dass wir bald nicht mehr gebraucht werden. Aber das ist Unsinn. Es wird zwar viel geforscht, aber bisher schafft es der Computer nur, ziemlich einfache Sätze richtig zu übersetzen. Menschen können immer noch mehr als Computer. Wir übersetzen ja nicht nur einzelne Wörter, wie das die Computer machen, sondern wir passen die Texte auch der anderen Kultur an." Ein spannender Beruf, da sind sich alle Vogels einig.

b | Lesen Sie den Text noch einmal und ergänzen Sie die Sätze mit Informationen aus dem Text.

1. _____ übertragen gesprochene Sprache.

2. Das Übertragen von schriftlichen Texten nennt man _____ .

3. Marina hat zwei _____ studiert, aber für die Arbeit braucht sie auch ihre _____ .

4. Viele Übersetzer arbeiten _____ . Das heißt, sie müssen auf _____ warten.

5. Sie haben dann natürlich auch kein festes _____ .

6. _____ können Dolmetscher noch nicht ersetzen.

15 Einen Text analysieren und rekonstruieren

a | Ergänzen Sie die Wörter in der richtigen Form und überlegen Sie: Welche Funktion hat das Wort?

seit | seit | bis | werden | werden | haben

1. ☐ Präposition ☐ Konnektor   4. ☐ Präteritum ☐ Plusquamperfekt
2. ☐ Passiv   ☐ Futur I   5. ☐ Passiv   ☐ Futur I
3. ☐ Präposition ☐ Konnektor   6. ☐ Präposition ☐ Konnektor

Liebe Jana,
_____ (1) du geschrieben hast, dass du mich besuchen wirst, bin ich aufgeregt. Es _____ (2) dir bestimmt in Salzburg gefallen. _____ (3) 1921 gibt es Festspiele in der Stadt, da kommen besonders viele Touristen. Ich weiß ja, dass du dich für Geschichte interessierst, du wirst dir also sicher auch den barocken Dom ansehen wollen. Erst nachdem man 55 Häuser abgerissen _____ (4), war genug Platz für das Bauwerk vorhanden. Vor dem Dom _____ (5) während der Festspiele immer ein Theaterstück aufgeführt.
Aber in Salzburg kann man natürlich auch andere Dinge unternehmen. Lass dich überraschen!
Dann _____ (6) zum 8. August!
Paul

b | Vergleichen Sie mit dem Lösungsschlüssel.

c | Lesen Sie den Text oben mehrmals genau durch. Merken Sie sich besonders die Stellen, wo Sie Wörter eingesetzt haben. Ergänzen Sie dann die Lücken – möglichst ohne nachzusehen!

Liebe Jana,
_____, dass du mich besuchen wirst, bin ich aufgeregt. Es _____.
_____, da kommen besonders viele Touristen. Ich weiß ja, dass du dich für Geschichte interessierst, du wirst dir also sicher auch den barocken Dom ansehen wollen. _____, war genug Platz für das Bauwerk vorhanden. Vor dem Dom wird _____.
Aber in Salzburg kann man natürlich auch andere Dinge unternehmen. Lass dich überraschen!
_____!

16 Richtig schreiben: Kommasetzung

Ergänzen Sie die Kommas. (Tipp: Markieren Sie im Text zuerst die Hauptsätze und die Konnektoren.)

Bereits 10 Prozent der Menschen die in Österreich leben kommen aus Deutschland. Damit sind die Deutschen die größte Ausländergruppe in Österreich. Es wird aber erwartet dass die Zahl in Zukunft gleich bleibt. Sie kommen weil es in Österreich gute Jobs gibt. Außerdem glauben sie dass sie keine neue Sprache lernen müssen. Es gibt aber oft sprachliche Probleme denn die Österreicher sprechen doch ein „bisserl" anders. Was bitte ist gemeint wenn die Kassiererin im Supermarkt fragt ob man ein „Sackerl" will?

Meine 2. Identität

Laden Sie in Ihrer 2. Identität eine Freundin / einen Freund in Ihre Traumstadt ein. Überlegen Sie vorher:

- Wie liegt die Stadt?
- Welche Besonderheiten gibt es?
- Welche Aktivitäten haben Sie vor?

30 Schöne Aussichten

1 Sichtweisen

Welche Nomen mit -sicht passen? Ergänzen Sie.

1. Meiner _____ nach sollte man sich nicht auf sein Horoskop verlassen.

2. Autofahrer sollten mehr _____ auf spielende Kinder nehmen.

3. Martin hat seinen Fehler akzeptiert und _____ gezeigt.

4. Auf dem Berg kann man die _____ genießen.

5. Entschuldigung, das war ein Versehen. Ich hatte keine böse _____ .

2 Was bringt die Zukunft?

Ergänzen Sie die Sätze, verwenden Sie das Futur I.

> später studieren | bald in Rente gehen | im Ausland arbeiten | im Herbst in die Schule gehen | heiraten | Mechanikerin

1. Dr. Klampf ist 66 Jahre alt. *Vermutlich wird*
2. Luca geht auf ein Gymnasium. *Wahrscheinlich*
3. Sabrina interessiert sich für Autos. *Vielleicht*
4. Eva macht ein Tourismusstudium. *Ich vermute, dass*
5. Corinna und Marc sind verliebt. *Eventuell*
6. Niklas ist 6 Jahre alt. *Sicher*

3 Thessas Party

Schreiben Sie den Text noch einmal. Variieren Sie die Position 1, beginnen Sie mit den markierten Angaben.

Thessa hat <u>über Facebook</u> zu ihrer Party eingeladen. Sie hat die Einladung <u>aus Versehen</u> öffentlich gemacht. Sie bekommt <u>in ihrer Geburtstagsnacht</u> nichts von dem Trubel mit. Sie ist <u>aus Angst vor den Folgen</u> nämlich zu ihren Großeltern gefahren.

Über Facebook

4 Angaben im Mittefeld

Lesen Sie den Satz und stellen Sie kurze Fragen in der Reihenfolge: temporal, kausal, modal, lokal.

Er hat vor drei Monaten aus beruflichen Gründen mit viel Motivation in Köln **Deutsch gelernt**.

1.
2.
3.
4.

5 Erinnerungen an den Deutschkurs

Ordnen Sie die Angaben im Mittelfeld nach dem *tekamolo*-Prinzip.

1. Die Dozentin ist   zum Kursort | mit dem Fahrrad | auch bei Regen   gefahren.

2. Sonja und Andrej haben sich   am Automaten | bei jeder Gelegenheit   einen Kaffee geholt.

3. Jan hat den Kurs   frustriert | nach zwei Monaten | wegen persönlicher Probleme   abgebrochen.

4. Carl und Fatih sind   in die Bibliothek | manchmal nach dem Kurs | zusammen   gegangen.

5. Maria wurde   im Kursgebäude | aus Versehen | einmal   eingeschlossen.

6 Neue Wörter

a | Lesen Sie die Erklärungen und ergänzen Sie die Wörter. Wie lautet die Erklärung zu 11.?

1. Nomen zu *denken*
2. hohes, schmales Bauwerk
3. Damit stoppt man ein Fahrzeug.
4. einsam, leer
5. froh, glücklich
6. Macht, die bestimmt.
7. an einem Auto vorbeifahren
8. Weg von A nach B
9. Angst bekommen
10. Synonym für *fühlen*
11. _____

b | Ordnen Sie die Wörter zu, notieren Sie die Nomen mit Artikel.

Nomen: _____

Verben: _____

Adjektive: _____

7 Der Autor Christoph Hein

Verbinden Sie die Sätze mit den angegebenen Konnektoren.

Christoph Hein wurde in Schlesien geboren.

1. Sein Vater war Pfarrer. Er durfte in der DDR nicht die Oberschule besuchen. | weil

2. Er ging 1958 auf ein Internat in Westberlin. | deshalb

3. 1961 wurde die Berliner Mauer gebaut. Er konnte die Schule nicht abschließen. | Da

4. Er arbeitete als Montagearbeiter, Kellner und Buchhändler.
   Das Abitur machte er 1964 in einer Abendschule nach. | bis

5. Er konnte nicht an der Filmhochschule studieren.
   Er begann ein Philosophiestudium in Leipzig. | Darum

6. Er schloss das Studium 1971 in Berlin ab.
   Im selben Jahr wurde er als Dramaturg angestellt. | und

7. 1983 wurde Christoph Hein im Westen mit dem Roman „Drachenblut" bekannt.
   Er hat schon als Kind gern geschrieben. | Relativsatz, Plusquamperfekt

8. Er ist Dramatiker, Erzähler und Essayist. | sowohl … als auch

8 Mein Horoskop

Welche Lebensbereiche werden in den Horoskopen angesprochen? Ordnen Sie zu.

> Beruf | Freundschaft | Partnerschaft | Geld | Gesundheit | Familie

Gönnen Sie sich eine Auszeit. Sport und frische Luft helfen, wieder neue Kraft zu schöpfen.

1. _____

Diese Woche steht für Sie unter einem guten Stern. Die Liebe Ihres Lebens ist näher, als Sie denken ...

2. _____

Streit zu Hause mit Ihren Kindern? Kein Grund zur Sorge, **bleiben Sie locker!**

3. _____

Seien Sie ehrlich! Ein wahrer Freund kann das verkraften.

4. _____

Nur Mut! Ihr Chef wird von Ihren neuen Ideen begeistert sein.

5. _____

Sie lieben es, anderen zu helfen? Das ist schön und gut, aber achten Sie auf Ihre Finanzen, sonst bekommen Sie bald Probleme.

6. _____

9 Textgrammatik 1: Synonyme

a | Lesen Sie den Text.

In *Aussichten* wurden uns viele Menschen vorgestellt. In Lektion 4 sind wir zum Beispiel Frau Koch begegnet. Die fast Achtzigjährige hat sicher kein leichtes Leben. Zweimal pro Woche bietet die Marktverkäuferin auf dem Bamberger Markt ihr Obst und Gemüse an.
An diesen Tagen muss die Dorfbewohnerin um 4:30 Uhr aufstehen, schon um 6 Uhr baut sie den Stand auf und dann steht sie bis 15 Uhr da und wartet auf Kunden. Dann holt ihr Mann sie ab, hilft ihr beim Abbauen des Marktstandes und fährt seine Frau mit dem Transporter ins Dorf zurück. Lange will sie die Arbeit nicht mehr machen.

b | Welche Wörter bezeichnen Frau Koch? Notieren Sie.

Nomen: _____

Personalpronomen: _____

Possessivpronomen + Nomen: _____

10 Textgrammatik 2: Verweiswörter

Lesen Sie den Text. Ersetzen Sie die markierten Verweiswörter durch die passenden Nomen / Bezugswörter.

In Lektion 27 haben wir einen Text über Birgit Patzelt gelesen. <u>Darin</u> stand, dass sie Rangerin im Nationalpark Harz ist, einem wichtigen Naturreservat. Durchschnittlich 20 Kilometer ist sie <u>dort</u> jeden Tag zu Fuß, mit dem Mountainbike oder auch auf Skiern unterwegs. <u>Dabei</u> repariert sie Wege, sammelt Müll ein und beobachtet die Natur. Diese Arbeit macht ihr Spaß. <u>Dazu</u> gehört auch die Betreuung der Kinder aus der Umgebung, die den Park besuchen, um sich mit den Tieren und Pflanzen zu beschäftigen. <u>Das alles</u> ist ihr sehr ans Herz gewachsen.

Darin: *In dem Text stand, dass ...*

dort:

Dabei:

Dazu:

Das alles:

11 Wiederholen Sie: Verben mit Präpositionen

a | Welche Präpositionen sind richtig? Ergänzen Sie die Sätze.

1. Oh, hier riecht es gut *nach* Vanille! Das erinnert mich _____ Omas Plätzchen.

2. Ari hat die Stelle bekommen. Er hat sich auch wirklich sehr *dar*_____ bemüht.

3. Olaf ist nicht schuld _____ dem Unfall. Er hat sich _____ die Verkehrsregeln gehalten.

4. Ich leihe mein Motorrad nicht jedem. Es kommt _____ die Person und ihre Fahrpraxis an.

5. Sabine hat sich sehr _____ aufgeregt, dass ihr Kollege am Arbeitsplatz raucht.

6. Ina isst sehr bewusst. Sie hält nichts _____ industriell hergestellten Lebensmitteln.

7. Die Zuhörer erwarten einen spannenden Vortrag _____ mir.

b | Wann folgt Akkusativ, wann Dativ? Ordnen Sie die Verben aus a zu.

+ **A**:

+ **D**: *riechen nach,*

12 Wiederholen Sie: trennbare Verben

a | Was passt zusammen? Verbinden Sie.

1. sie | die Haare | mit einem Gummiband ○   ○ verraten

2. er | das Geheimnis ○   ○ wahrnehmen

3. wir | schnell | die Lösung ○   ○ zusammenbinden

4. der Radfahrer | den Porsche ○   ○ sich durchsetzen

5. sie (Pl.) | die Chance ○   ○ überholen

6. Maria | mit ihrer Idee | tatsächlich ○   ○ herausfinden

7. das Brautpaar | die Familie | nicht ○   ○ benachrichtigen

b | Welche Verben sind trennbar, welche nicht? Schreiben Sie Sätze im Präsens.

c | Setzen Sie die Sätze von oben ins Perfekt.

13 Lesetext: Grüße aus Kümmelbach

A stolz	B sentimental	C wütend
D neugierig	E besorgt	F fröhlich
G zufrieden	H pessimistisch

a | Wie geht es Lisa? Lesen Sie die E-Mail an Annette und ordnen Sie die Adjektive / Buchstaben zu.

E-MAIL

Liebe Annette,

du hast lange nichts von mir gehört, aber ich habe Zeit gebraucht, um mich in der neuen Umgebung einzuleben. Euch in Neustadt zurückzulassen, hat mir schon wehgetan. ⬜

Doch inzwischen fühle ich mich wohler und genieße unseren kleinen Garten. Max hat schnell Freunde gefunden, mit denen er nachmittags spielen kann. Einen Karatekurs gibt es auch. Trotzdem fehlt ihm Paul. Die neue Schule macht einen sympathischen Eindruck und Max hat sich gut integriert. Die Lehrer sind mit ihm zufrieden, nur in Mathematik muss er etwas nachlernen. Mia ist sehr aktiv, sie versucht auch schon, alleine aufzustehen, und bald wird sie ihre ersten Gehversuche machen. Lukas gefällt der neue Arbeitsplatz richtig gut. Im Moment hat er zwar noch viel zu tun, aber ich denke, dass er zukünftig mehr Zeit für die Familie hat. ⬜

Einige meiner neuen Nachbarn waren letzte Woche zu Besuch. Ich habe sie mit den köstlichen spanischen Tapas von Frau Montes verwöhnt. Auch für die italienischen Gerichte nach Claudias Rezepten habe ich viel Lob bekommen. ⬜ Aber natürlich vermisse ich euch! Was machen denn Markus und Claudia? Sind sie mit unserer alten Wohnung zufrieden? Ist Frau Montes mit ihrem Catering erfolgreich? ⬜

Gestern habe ich erfahren, dass ein Arzt, der seine Praxis gleich um die Ecke hat, eine Sprechstundenhilfe sucht. Du weißt ja, dass mir meine Arbeit im Krankenhaus gefällt, aber ich verliere doch viel Zeit. Der Bus fährt sehr unregelmäßig und ein zweites Auto ist einfach zu teuer. Ein Arbeitsplatz in der Nähe wäre also schon praktisch. Allerdings ist die Arbeit als Sprechstundenhilfe ganz anders als im Krankenhaus, wo ich in einem großen Team arbeite.

Jetzt habe ich so viel über mich geschrieben und dich noch gar nicht gefragt, wie es dir und Paul geht und was ihr so macht. Hättet ihr denn nicht Lust, uns nächstes Wochenende zu besuchen und hier zu übernachten? Für Max und Paul wäre es bestimmt toll und wir könnten endlich mal wieder gemütlich plaudern! ⬜

Liebe Grüße aus Kümmelbach

Lisa

b | Ergänzen Sie die Sätze.

Mia wird _____

Max muss _____

Lukas hat vor, _____

Lisa plant _____

Annette und Paul werden vielleicht _____

Wiederholen Sie.

14 Merksprüche lernen

a | Ordnen Sie die Merksprüche den Sätzen zu.

A
Durch, für, gegen, ohne, um
kommen um Akkusativ nicht herum!

B
Und, denn, aber, sondern, oder:
UDASO – der Satz bleibt so.

C
Während, trotz und *wegen* –
den Genitiv bewegen!

D
aus, von, mit, nach, zu, seit, bei
rufen Dativ dir herbei!

E
Nach tekamolo frag
wann, warum, wie, wo.

F
Nach
zum, vom, beim
schreib niemals klein!

1. Das Buch ist für meinen Sohn. ____
2. Mariam kommt aus der Türkei. ____
3. Während unseres Spaziergangs begann es zu regnen. ____
4. Ich brauche jetzt eine Brille zum Lesen. ____
5. Peter ist gestern Abend müde aus Wien zurückgekommen. ____
6. Ich komme doch mit ins Kino, denn ich fühle mich wieder besser. ____

b | Sprechen Sie die Merksprüche rhythmisch und lernen Sie sie auswendig.

c | Welche Merksprüche gefallen ihnen am besten? Decken Sie Aufgabe a ab und notieren Sie Ihre drei Favoriten.

1. ____

2. ____

3. ____

15 Richig schreiben

In jeder Horoskop-Voraussage gibt es einen Rechtschreibfehler. Korrigieren Sie den Fehler und sehen Sie nach, in welcher Lektion Sie sich mit dem Rechtschreibthema beschäftigt haben.

Lektion

1. Die Sterne stehen günstig. Sie werden Ihr Glick bald finden. _____ 24
2. Sie haben nicht nur Glück in der Liebe, sondern auch im Schpiel. _____
3. Im Job wird es schwirig, aber Sie finden die richtige Lösung. _____
4. Zur Belonung bekommen Sie ein höheres Gehalt. _____
5. Ofenbar haben Sie gute Chancen bei einem netten Menschen. _____
6. Es ist wichtik, dass Sie auch an sich denken. _____
7. Eine kleine Reise? Sie werden ihren Entschluß nicht bereuen. _____
8. Sie lernen viele Menschen kennen weil Sie sehr offen sind. _____
9. Sie werden etwas spannendes erleben. _____

Meine 2. Identität

Schreiben Sie in Ihrer 2. Identität einen Brief an Ihre 1. Identität: Was gefällt Ihnen an Ihrer 2. Identität besser, was gefällt Ihnen weniger? (Lebenssituation, Beruf, Wohnen, Fähigkeiten, …).
Verabschieden Sie sich und wünschen Sie Ihrer anderen Identität alles Gute.

Lektion 21

1 1. die Rente; 2. die Krankheit; 3. die Heirat; 4. der Verlust; 5. der Auszug; 6. die Geburt

2 a 1. versuchen, machen; 2. haben, bekommen; 3. wollen, verlangen; 4. sein, gehen; 5. spielen, gewinnen

2 b 1. versuche; 2. Will, verlangt; 3. Habt, bekommen; 4. Geht, ist; 5. Spielst, gewonnen

3 1. Neugier, neugierig; 2. Glück, glücklich; 3. Angst, ängstlich; 4. Ärger, ärgerlich; 5. Stolz, stolz

4 1. engagierte; 2. genervte; 3. geplante; 4. verletzte; 5. aufgeregten; 6. gelangweilten

5 a ohne *zu*: Satz 2, 4, 5

5 b b. bei bestimmten Wendungen

6 1. Er plant, jeden Morgen Sport zu machen. 2. Er hat Lust, jede Woche ins Kino und Theater zu gehen. 3. Es ist ihm wichtig, wieder mehr zu lesen. 4. Aber schon nach zwei Wochen fällt es ihm schwer, früh aufzustehen. 5. … findet er es anstrengend, abends auszugehen. 6. … hat er keine Lust mehr, ein Buch in die Hand zu nehmen. 7. … entscheidet er sich, wieder in sein altes Leben zurückzukehren.

7 2. Es ist schön, mit dir zusammen zu sein. 3. Du versuchst oft, mich zu überraschen. 4. Du vergisst nie, mir ein Geburtstagsgeschenk zu kaufen. 5. Deshalb habe ich beschlossen, dich zu heiraten.

8 Bild A – 5; Bild B – passt nicht; Bild C – 1; Bild D – 4; Bild E – 3

9 2. schlafen – schlafen gehen; 3. tanzen – tanzen lernen; 4. schneiden – schneiden lassen; 5. singen; 6. scheiden

10 In diesen Sätzen steht *zu*: … und es ist ihm wichtig, faire Noten **zu** geben. Er ist geduldig und es macht ihm Spaß, den Schülern **zu** helfen. Die idealen Schüler vergessen nie, ihre Hausaufgaben **zu** machen. Sie haben Lust, viel **zu** lernen.

11 1. Der Kindergarten ist sowohl im Juli als auch im August geöffnet. 2. Amar isst weder Fleisch noch Fisch. 3. Entweder wir bestellen eine Pizza oder wir gehen ins Restaurant. 4. Karin liest sowohl Romane als auch Comics gern. 5. Ich habe dafür weder Zeit noch Geduld.

12 2. entweder … oder; 3. und; 5. nicht nur … sondern auch; 6. weder … noch

13 a 1. Entweder suchen wir eine Tagesmutter, oder wir nehmen ein Au-Pair. Wir suchen entweder eine Tagesmutter, oder wir nehmen ein Au-pair. 2. Ich kann weder in Vollzeit arbeiten, noch möchte ich zu Hause bleiben. Weder kann ich in Vollzeit arbeiten, noch möchte ich zu Hause bleiben.

13 b Satz 1: Wir suchen nicht nur eine Tagesmutter, sondern wir nehmen auch ein Au-Pair.

14 1. dem Standesamt; 2. Die Öffnungszeiten; 3. die Anmeldung; 4. ein Passbild, den … Reisepass; 5. Die Unterlagen; 6. ein … Dokument; 7. Behörden; 8. der Broschüre

15 1. Kindergarten Regenbogen, guten Tag. 2. Guten Tag. Ich rufe wegen der Annonce an. Bin ich da bei Ihnen richtig? 3. Ja. Wie kann ich Ihnen helfen? 4. Ich möchte gern wissen, von wann bis wann der Kindergarten geöffnet hat. 5. Von 7 Uhr bis 18 Uhr. 6. Und wie hoch ist der Kindergartenbeitrag? 7. 120 Euro im Monat. 8. Okay. Ich möchte meinen Sohn anmelden. Was brauche ich dafür? 9. Sie brauchen einen Meldeschein und die Geburtsurkunde. 10. Gut, ich komme morgen vorbei. 11. Dann bis morgen. Auf Wiederhören!

16 1. Ich lasse zwei aktuelle Passfotos machen. 2. Ich mache einen Erste-Hilfe-Kurs. 3. Ich lasse mich beim Arzt untersuchen. 4. Ich zahle die Gebühren für das Ordnungsamt. 5. Ich bringe den Personalausweis mit. 6. Ich lasse mir genauere Informationen geben. 7. Ich nehme am Theorieunterricht teil.

17 a 1. Jonas; 2. Lara; 3. Sonja; 4. Jan

17 b 1. 1 – 3 Jahre; 2. ja; 3. 3 Euro

18 a 1. bin; 2. dich; 3. dass; 4. die; 5. dein

18 b Personalpronomen – 2; Possessivpronomen – 5; Konnektor – 3; Relativpronomen – 4

19 neug**ie**rig, schw**ie**rig, r**ie**sig, mot**ie**viert, n**ie**dlich, verl**ie**bt, l**ie**bevoll, r**ie**sengroß

Lektion 22

1 a 1. Brotkorb; 2. Serviette; 3. Menü; 4. Salzstreuer; 5. Vase; 6. Schüssel; 7. Prost! 8. Damit öffnet man Weinflaschen: Korkenzieher

1 b maskulin: Brotkorb, Salzstreuer, Korkenzieher; neutral: Menü; feminin: Serviette, Vase, Schüssel

1 c Brotkörbe, Salzstreuer, Korkenzieher, Menüs, Servietten, Vasen, Schüsseln

2 Mädchen: …, guten Appetit! Junge: Kannst du mir bitte die Butter geben? Vater: Und ich hätte gern / möchte den Wursteller. Mutter: Kann ich bitte den Käse haben / bekommen?

3 1. sie dir; 2. ihn dir; 3. sie dir; 4. es dir

4 2. Ich besorge es ihm. 3. Ich kaufe ihn ihr. 4. Ich backe ihn ihm. 5. Ich schreibe sie ihnen. 6. Wir singen es ihnen natürlich alle zusammen vor!

5 1f, 2d, 3e, 4c, 5b, 6a

6 1. Milchprodukte: der Schafskäse, der Fruchtquark; 2. Obst: die Kiwi, die Erdbeere; 3. Gemüse: der Sellerie, die Karotte; 4. Fleisch: der Schweinebraten, das Hühnchen; 5. Getränke: der Rotwein, das Weizenbier; Sojabohne (f.) und Erdnuss (f.) passen nicht.

7 Etwa fünf bis sieben Prozent der Bevölkerung in Deutschland reagieren **auf** Nahrungsmittel allergisch. Babys leiden eher **unter** Allergien gegen Grundnahrungsmittel. Allergien **gegen** Hühnereiweiße sind häufig. Sie sind **in** Süßspeisen, Fertigprodukten und Backwaren enthalten. Bei einer Hühnereiweißallergie muss man im Zutatenverzeichnis **nach** Begriffen mit Ei oder Zusätzen wie „Ovo" suchen.

8 1. Paul sonnt sich im Liegestuhl. Das ist die pure Entspannung. 2. Die Erdbeeren schmecken lecker! Ja, sie sind ein Genuss! 3. Kai spült! Dafür bekommt er ein Eis. Das ist eine nette Belohnung. 4. Pablo hat sehr starke Zahnschmerzen. Der Arme! Was für eine Qual!

9

	Position 2 werden		Satzende Partizip Perfekt
Die Handtücher	werden	nur alle drei Tage	gewechselt.
Das Bad	wird	nicht ordentlich	geputzt.
Meine Wäsche	wird	also auch nicht	gewaschen.
Die Tageszeitung	wird	nicht	zugestellt.
Der Lift	wird	gerade	repariert.

10 Schokolade wird in der Schweiz produziert. Champagner wird in Frankreich produziert. Salami wird in Ungarn produziert. Spaghetti werden in Italien produziert. Whisky wird in Schottland produziert. Käse wird in Holland produziert.

11 ein Doppelzimmer reservieren, wählen, buchen, bezahlen, nehmen; eine Übernachtung reservieren, buchen, bezahlen; Halbpension wählen, buchen, nehmen; eine Anzahlung bezahlen, leisten; Kurtaxe bezahlen

12 1. …, du brauchst sie aber nicht zu schälen. 2. Die Zwiebeln musst du schälen und kleinschneiden. 3. Die Karotten brauchst du nur zu schälen. 4. Erdbeeren brauchst du nicht zu besorgen. 5. Die Klöße musst du aus dem Tiefkühlfach holen. 6. Die Soße brauchst du nur anzurühren. 7. Das Fleisch brauchst du nur zu panieren, du brauchst es noch nicht anzubraten.

13 2. Die Wurst muss noch geschnitten werden. 3. Die Brötchen müssen aufgebacken werden. 4. Obst und Gemüse müssen aussortiert werden. 5. Die Teigwaren müssen eingeräumt werden. 6. Das Ablaufdatum von Milch und Joghurt muss kontrolliert werden.

14 1. Ja, die Waschbecken müssen geputzt werden. 2. Nein, das braucht ihr nicht aufzuräumen. 3. Ja, der Teppich muss gesaugt werden. 4. Nein, die braucht ihr nicht zu putzen.

15 a verletzt, transportiert, aushelfen, aufnehmen, beantworten, bemerkt, bedankt, verbunden

15 b ja: 3, 4   nein: 1, 2

16 a, b 1. Artikel: dem; 2. Partizip Perfekt: geraucht; 3. Präposition: Nach; 4. Verb: essen; 5. Modalverb: soll

17 Sojabo**hn**e, Bene**hm**en, Anza**hl**ung, Belo**hn**ung, Hu**hn**, Ko**hl**ensäure, verwö**hn**en, unangene**hm**, frö**hl**ich, empfe**hl**en.

Lektion 23

1 e → a: treffen – traf, sterben – starb, geben – gab; e → u: werden – wurde; e → i: gehen – ging; i(e) → a: liegen – lag, finden – fand; ie → o: verlieren – verlor; ei → ie: bleiben – blieb, entscheiden – entschied; a → ie: halten – hielt; u → ie: rufen – rief

2 a wurde, war, lebte, verhaftete, kämpfte, schickte, blieb, schrieb, starb

2 b Er war Schauspieler. 1921 spielte er im ersten deutschen Tonfilm mit. 1934 drehte er mit Ginger Rogers in Hollywood einen Film. Noch mit 100 Jahren unterrichtete er Schauspielschüler. Er starb im Jahr 2000.

3 1. Als mein Sohn 5 Jahre alt war, war der Computer die „Maschine des Jahres". 2. Als ich 15 Jahre alt war, kam „Das Dschungelbuch" als Zeichentrickfilm in die Kinos. Als mein Sohn 15 Jahre alt war, war die Sängerin Madonna in zwei Kinofilmen zu sehen. 3. Als ich 25 Jahre alt war, verteidigte Muhammad Ali seinen Weltmeistertitel. Als mein Sohn 25 Jahre alt war, feierten die Brüder Klitschko weitere Erfolge beim Boxen.

4 Die Kinder von Lutz Krenn machten oft Lärm, wenn sie allein zu Hause waren. Wenn sich die Nachbarin beschwerte, entschuldigte sich Herr Krenn immer. Er selbst beschwerte sich nie über die Nachbarin. Als einmal nachts stundenlang ihr Hund bellte, sagte er nichts, obwohl die Kinder davon aufwachten und weinten. Er sagte auch nie etwas, wenn sie laut Musik hörte. Aber eines Tages verlor er doch die Geduld: Als sie mit seinen Kindern (im Treppenhaus) schimpfte, reagierte er verärgert. (…) Sie verstanden sich plötzlich gut und die Nachbarin kümmerte sich von da an um die Kinder, wenn Herr Krenn wegging / nicht zu Hause war.

5 1. Die Bäcker backen schon, während die meisten Leute noch schlafen. 2. Die Kinder sind in der Schule, während die Erwachsenen zur Arbeit gehen. 3. Die Schüler schlafen ein, während ihr Lehrer etwas erklärt. 4. Die einen liegen im Park in der Sonne, während die anderen im Büro schwitzen. 5. In den Wohnungen geht das Licht aus, während das Nachtleben richtig losgeht.

6 a trennbar: anhören, vorhaben, auskommen, zurückziehen

Lösungen

6 b Sie genießt das Leben. Jedes Jahr unternimmt sie eine spannende Reise. Sie hört sich regelmäßig Konzerte an. Ihre Zeit verbringt sie gern mit Freundinnen. Sie hat noch viel vor. Leider kommt sie mit ihrem Mann nicht mehr gut aus. Er zieht sich immer mehr in die Wohnung zurück.

7 1d; 2c; 3e; 4a; 5b

8 1. Bevor Rita das Buch kauft, fragt sie ihre Freundin. 2. Bevor Nick den Kaffee trinkt, bezahlt er ihn / kauft er ihn am Automaten. 3. Bevor Eva das Haus verlässt, schminkt sie sich. 4. Bevor Chris in der Nacht Rad fährt, repariert er das Licht.

9 a 1. Vor drei Wochen habe ich einen Staubsauger bestellt. 2. Vor zwei Wochen habe ich die Bestellung widerrufen. 3. Zur gleichen Zeit habe ich den Staubsauger zurückgeschickt. 4. Sie haben den Rechnungsbetrag noch nicht überwiesen. 5. Ich habe den Vertrag noch einmal genau durchgelesen. 6. Bis heute haben Sie die Bedingungen nicht erfüllt.

9 b trennbar: zurückschicken, durchlesen, zurückerstatten; nicht trennbar: bestellen, widerrufen, überweisen, erfüllen

10 1. Ich mache von meinem Recht Gebrauch. 2. Ich kündige den Vertrag mit sofortiger Wirkung. 3. Bitte senden Sie mir eine schriftliche Bestätigung. 4. Ich bin an Ihren Angeboten nicht mehr interessiert.

11 Bank: die Kontonummer, die Bankleitzahl, die Zahlung; Politik: die Bürgermeisterin, das Parlament, die Regierung; Industrie: der Außendienst, die Maschine, der Vertrieb

12 a 1b; 2c; 3f; 4a; 5d; 6e

12 b 1. Wir brauchen Politiker, um auf jemanden böse sein zu können. 2. Wir gehen zur Wahl, um mitbestimmen zu können. 3. Wir arbeiten so viel, um uns das Leben leisten zu können. 4. Wir lesen die Zeitung, um informiert zu sein. 5. Wir mischen uns ein, um etwas verändern zu können. 6. Wir machen das alles, um mit uns selbst zufrieden zu sein.

13 2, 6, 7

14 1. Christian hat einen neuen Job gesucht, um sich beruflich zu verändern. 2. Damit er alle kennen lernt, hat sein Chef eine kleine Party gegeben. 3. Christian hat eine Rede vorbereitet, um sich seinen Kollegen vorzustellen. 4. Damit er die neuen Aufgaben lösen kann, wird das ganze Team ihm helfen.

15 a 3, 1, 5, 2, 4

15 b Mo + Do: Büroarbeit; Di: Firmenbesuche / Gespräche mit Firmenchefs; Mi: Geschäftsessen; Fr: Besprechung mit Parteikollegen

16 a, b 1.▼ es ist; 2.▼ es ist; 3. ▲ kann man; 4. ▲ gibt es; 5. ▲ müssen Sie

17 a Für die richtige Rhetorik sind auch Gestik und Mimik wichtig. Nur keine Panik! Bereite dich sorgfältig vor und lern die Rede auswendig. Häufig ist es nötig, eine Grafik genau zu erklären.

17 b 1. Die Endung -ik steht immer bei Nomen. 2. Die Endung -ig steht immer bei Adjektiven. 3. Nomen auf -ik haben den Artikel die.

Lektion 24

1 a 9 Nomen: Belastung, Plan, Platz, Anlage, Stelle, Lärm, Dienst, Park, Klima

1 b 1. der Dienstplan; 2. der Parkplatz; 3. die Baustelle; 4. die Klimaanlage; 5. die Lärmbelastung

2 2. Ausstellungseröffnung – Baustelle; 3. Lärm – Staub; 4. Ärzten – Patienten; 5. Fieber – Husten; 6. Baustelle – Klimaanlage

3 1. Freizeitausgleich; 2. Unternehmensversammlung, Geschäftsleitung, Gleitzeit; 3. Konjunktur, Protokoll, Beschwerde

4 1. dem; 2. der; 3. denen; 4. dem

5 1. über den; 2. mit der; 3. mit dem, 4. über die

6 Herr Marx arbeitet in einem Job, in dem er zu wenig verdient, der ihm keine Freude macht, für den er überqualifiziert ist. Er hat Kollegen, mit denen er nicht gut auskommt, von denen er nicht akzeptiert wird, über die er oft den Kopf schüttelt. Er hat deswegen einen Termin bei seiner Chefin, mit der er offen über seine Probleme sprechen möchte, zu der er eine gute Beziehung hat, die ihn hoffentlich versteht.

7 1. ungerecht; 2. ärgerlich; 3. ungeduldig; 4. schüchtern; 5. unerträglich; 6. still

8 1. Hättest; 2. Könntest; 3. Wären; 4. Würdet; 5. Dürfte

9 2. 200 Gramm bitte. / Wir hätten gern / möchten 200 Gramm. 3. Können Sie uns sagen / Wissen Sie vielleicht, … 4. Könnten / Würden Sie uns bitte vorlassen? 5. Könnten Sie uns bitte noch eine Tüte geben?

10 Das Bild zeigt; Neben; Im Vordergrund; Im Hintergrund; Vermutlich; Man erkennt; Das Bild wirkt

11 a der heißeste Kaffee, das feinste Aroma, der beste Geschmack;
das witzigste Design, der kleinste Akku, der fairste Preis;
der höchste Komfort, die stärkste Leistung, das geringste Gewicht;
der leiseste Motor, die einfachste Reinigung, die größte Hilfe

11 b 1. witzigeres, kleineren; 2. stärkere, geringeres; 3. leiseren; 4. feineres, besseren

12 1. Sie besucht gern Hip-Hop-Konzerte, obwohl sie schon 51 Jahre alt ist. 2. Obwohl sie schon 51 Jahre alt ist, besucht sie gern Hip-Hop-Konzerte. 3. Sie ist schon 51 Jahre alt. Trotzdem besucht sie gern Hip-Hop-Konzerte. 4. Sie ist schon 51 Jahre alt. Sie besucht trotzdem gern Hip-Hop-Konzerte.

13 a 1. Aber ich gehe gern in klassische Konzerte. 2. Aber heute bleibe ich zu Hause. 3. Aber seine Musik finde ich unerträglich.

13 b 1. Ich habe kein Musikinstrument gelernt. Trotzdem gehe ich gern in klassische Konzerte. / Ich gehe trotzdem gern in klassische Konzerte. 2. Ich gehe gern in die Oper. Trotzdem bleibe ich heute zu Hause. / Ich bleibe heute trotzdem zu Hause. 3. Schönberg war ein berühmter Komponist. Trotzdem finde ich seine Musik unerträglich. / Ich finde seine Musik trotzdem unerträglich.

13 c 1. Obwohl ich kein Musikinstrument gelernt habe, gehe ich gern in klassische Konzerte. 2. Obwohl ich gern in die Oper gehe, bleibe ich heute zu Hause. 3. Obwohl Schönberg ein berühmter Komponist war, finde ich seine Musik unerträglich.

14 2. Obwohl …,; 3. , obwohl; 4. , aber; 5. . Trotzdem; 6. . Trotzdem; 7. Obwohl …; 8. Trotzdem …,

15 Diese Verben passen nicht: 1. treffen; 2. unternehmen; 3. bringen; 4. sichern; 5. machen; 6. beantragen; 7. besitzen; 8. beleidigen; 9. vorzeigen; 10. beschimpfen

16 a Dubai, Englisch, selbstständiges, zu Hause, Überstunden, Oberpollstadt

16 b richtig: 2, 4   falsch: 1   nicht im Text: 3, 5, 6

17 a, b 1. Konnektor: obwohl; 2. Verb: bin; 3. Konnektor: Deshalb / Deswegen / Darum; 4. Negativartikel: keine; 5. Relativpronomen im Dativ: denen; 6. Modalverb: soll / darf

18 lesen, lösen, Besen, böse, Tür, dir, lügt, liegt, Glück, Stück, schon, schön

Lektion 25

1 1. der Kegelklub; 2. der Spieleabend; 3. die Malgruppe; 4. der Lauftreff; 5. der Stammtisch; 6. der Anfängerkurs; 7. der Tandempartner; 8. der Sportverein

2 a Möchtest du etwas ausprobieren, was du noch nie gemacht hast? Möchtest du Dinge tun, von denen du bisher nur geträumt hast? Möchtest du in Länder reisen, wo du noch nie warst? Wer sich angesprochen fühlt, soll sich bei mir melden. Ich möchte eine Freizeitgruppe gründen, die das Ungewöhnliche liebt. Es gibt nichts, was wir nicht tun könnten!

2 b 1. Möchtest du etwas ausprobieren, was du noch nie gemacht hast? Es gibt nichts, was wir nicht tun könnten! Wer sich angesprochen fühlt, soll sich bei mir melden. 3. Möchtest du in Länder reisen, wo du noch nie warst?

3 was, wer, wo, Wer, wem, was, was, Wen

4 1. Weil Abgase der Umwelt schaden, demonstrieren sie gegen den LKW-Verkehr im Dorf. 2. Sie demonstrieren für mehr Lohn / Gehalt, weil sie ihre Familien ernähren müssen. 3. Sie demonstrieren für alternative Energie. Atomstrom ist nämlich gefährlich.

5 …, **sah** ich, wie zwei Jugendliche einen Jungen **schlugen**. Der Junge **wehrte sich** nicht und wollte davonlaufen, aber die Jugendlichen **hielten** ihn **fest**. Ich **ging** zu der Gruppe und **forderte** die Jugendlichen **auf**, den Jungen in Ruhe zu lassen. Aber die zwei **reagierten** nicht. Da **beschloss** ich, die Polizei zu rufen. Bis die Polizei da **war**, **belästigten** die beiden Jugendlichen den Jungen und **zogen** ihn an den Haaren. Erst als sie das Polizeiauto **hörten**, **liefen** sie **weg**.

6 1. für; 2. für; 3. von; 4. um

7 1. Wir hätten viel Spaß. 2. Der Unterricht würde später anfangen. 3. Wir würden alle Geburtstage feiern. 4. Alle Lehrer wären gerecht. 5. Wir müssten keine Hausaufgaben machen.

8 a Wenn ich viel Geld hätte, würde ich ein Haus kaufen. Wenn ich neugierig wäre, würde ich Fragen stellen. Wenn ich malen könnte, würde ich Picasso imitieren. Wenn ich nicht arbeiten müsste, würde ich trotzdem arbeiten. Wenn ich mehr Zeit hätte, würde ich mich mehr engagieren.

8 b Wäre ich sportlich, würde ich einen Marathon laufen. Würden seine Eltern mehr verdienen, könnten sie ihm ein Auto kaufen. Dürfte man hier rauchen, würde ich es trotzdem nicht tun. Würde er nicht so viel üben, könnte er nicht so gut Deutsch. Wärst du fleißiger, würdest / könntest du mehr Gehalt bekommen.

9 Höfliche Bitte: 2, 3, 4; Irrealer Bedingungssatz: 6; Ratschlag: 5; Wunsch: 7; Vermutung: 1

10 a Diese Verben passen nicht: 1. gründen; 2. sammeln; 3. halten; 4. anschaffen; 5. beibringen; 6. anwenden; 7. vermitteln; 8. lernen

10 b Ausbildung, Erfahrungen, Menschen, Herausforderung, Vorstellungsgespräch

11 1. abwechslungsreicher; 2. fließend, hervorragende; 3. selbstbewusstes; 4. belastbar, erstaunlich; 5. sinnlos, erfolgreich

12 1. Die Atmosphäre ist bei uns sehr persönlich, denn wir sind ein kleines Team. 2. Sie haben Spaß am Lernen, denn wir unterrichten nach modernsten Methoden. 3. Der Unterricht ist abwechslungsreich, denn unsere Kursräume sind multimedial ausgestattet. 4. Sie erfahren viel über andere Kulturen, denn wir organisieren interkulturelle Treffen. 5. Melden Sie sich schnell an, denn unsere Preise sind zurzeit besonders günstig!

13 Das ist der richtige Job für mich, weil ich die Herausforderung suche. Das ist der richtige Job für mich, denn ich suche die Herausforderung. Das ist der richtige Job für mich, ich suche nämlich die Herausforderung. Ich suche die Herausforderung, deshalb ist das der richtige Job für mich.

14 -ung: Forschung, Begleitung, Unterstützung, Beziehung, Einrichtung, Veranstaltung; -schaft: Gemeinschaft, Leidenschaft, Eigenschaft; -keit: Ehrlichkeit, Staatsangehörigkeit, Fähigkeit

15 a Überschrift 2

15 b Ich kenne ~~keinen~~ jeden meiner Facebook-Freunde persönlich. Freundschaftsanfragen von Leuten, die ich nicht kenne, akzeptiere ich ~~immer~~ nie. Ich poste auch ~~alles~~ nichts, was ich meinen Freunden nicht persönlich sagen würde.

16 a Konjunktiv: 4; Passiv: 3; Präsens: 2; Infinitiv mit zu: 5

16 b Ihr Stellenangebot im Internet **habe** ich mit großem Interesse **gelesen**. Ich **lebe** seit vier Jahren in Deutschland und verfüge über gute Sprachkenntnisse. In meinem Heimatland, der Ukraine, habe ich ein Studium zum Bauingenieur abgeschlossen, das demnächst in Deutschland **anerkannt wird**. Ich habe mehrere Jahre Berufspraxis und habe mich regelmäßig weitergebildet. Ich **würde** gern in Ihrer Firma **arbeiten** und mich freuen, Sie persönlich von meinen Kompetenzen überzeugen **zu dürfen**.

17 1. Das **S**pannendste, was ich je gemacht habe, war das **F**otografieren von Elefanten auf einer Safari. 2. Es ist etwas **T**olles, wenn Kinder für die Eltern etwas **b**asteln. Aber für die Eltern ist das **B**asteln von Bilderrahmen ziemlich langweilig. 3. Zum **S**tricken braucht man Wolle und Stricknadeln. Meine Mutter **s**trickt sehr gern. 4. Wenn du Spaß am **M**alen hast, dann **m**al mir doch bitte ein Bild.

Lektion 26

1 a 1. das Dirndl, die Bluse, die Schürze, ~~das Material~~; 2. die Sandale, der Gummistiefel, der Hausschuh, ~~der Handschuh~~; 3. die Baumwolle, ~~die Lederhose~~, das Leinen, die Seide; 4. ~~das Schultertuch~~, die Schleife, der Knopf, der Reißverschluss; 5. das T-Shirt, der Pullover, ~~die Hose~~, das Hemd; 6. der Anzug, die Krawatte, ~~der Minirock~~, das Kostüm; 7. die Jeans, ~~das Abendkleid~~, die Shorts, die Badehose

1 b zum Beispiel: Sport, Freizeit: Sandale, Jeans, Shorts, Badehose; Volksfest: Dirndl, Schürze, Bluse, Schultertuch; Bewerbungsgespräch: Anzug, Krawatte, Kostüm, Hemd

2 a 1. der; 2. des; 3. des; 4. der; 5. des; 6. des; 7. der; 8. der

2 b T-Shirts, Kleides, Pullovers, Kostüms; Maskuline und neutrale Nomen im Singular enden im Genitiv auf -s.

3 2. den Geruch des Meeres; 3. den Geschmack des Fisches; 4. den Duft der Blumen; 5. die Sehenswürdigkeiten der Stadt; 6. die Gastfreundlichkeit der Leute

4 2. denselben Vater; 3. demselben Computer; 4. dieselben Fernsehprogramme; 5. dasselbe Fahrrad; 6. dieselbe Schule; 7. dieselben Lehrer

5 1. Festumzug; 2. die Attraktion; 3. das Feuerwerk; 4. das Karussell; 5. der Brauch; 6. das Zelt; 7. die Bühne

6 a 2. der wandernde Schäfer; 3. das brennende Stroh; 4. die weinende Königin; 5. die spielenden Musiker

6 b 2. aufgeregt, die aufgeregten Kinder; 3. gestrickt, der gestrickte Pullover; 4. verkauft, die verkaufte Figur; 5. verbrannt, die verbrannte Strohpuppe

7 1. brennende Feuer; 2. tanzenden Jugendlichen; 3. gefärbte Ostereier; 4. gefundene Schokolade; 5. gebackenes Osterbrot

8 … und singende Menschen, begeisterte Kinder, auffallende Trachten, geschmückte Verkaufsstände, gegrillte Würstchen an der Bude, gefüllte Biergläser auf den Tischen, lecker schmeckende Kuchen, tanzende Paare auf der Bühne, klatschende Hände, falsch geparkte Autos, verlorene Taschen im Fundbüro.

9 fast die Hälfte, etwas weniger als ein Drittel, genau ein Fünftel

10 Die Grafik zeigt, was die Deutschen machen, wenn die Kaffeemaschine kaputt ist. Ich finde es normal, dass zwanzig Prozent eine neue Maschine kaufen. Mich wundert es, dass über 70 Prozent versuchen, die Maschine zu reparieren / etwa 5 Prozent keinen Kaffee mehr trinken.

11 1. wegen; 2. trotz; 3. während; 4. wegen; 5. trotz; 6. während

12 1. trotz größter Vorsicht; 2. während unserer Reise; 3. wegen eines Lochs im Gehweg; 4. trotz richtiger Bedienung; 5. wegen defekter Bremsen; 6. wegen eines Wasserschadens; 7. während des starken Sturms; 8. trotz der Reparatur; 9. während des Unterrichts

13 a 1. Wegen meiner schweren Erkältung; 2. Während eines wichtigen Gesprächs; 3. Trotz ihres großen Fleißes; 4. Während einer lustigen Betriebsfeier; 5. Wegen seiner häufigen Verspätungen

13 b 1. weil; 2. während; 3. obwohl; 4. während; 5. weil

14 1. verursacht; 2. entstanden; 3. beteiligt; 4. beschädigt; 5. umgestoßen; 6. kaputtgegangen; 7. ausgelaufen

15 a -reich: erfolgreich, abwechslungsreich; -los: zeitlos, sinnlos, erfolglos, schuldlos; -voll: vertrauensvoll, sinnvoll, liebevoll

15 b 1. vertrauensvoll; 2. erfolgreich; 3. liebevoll; 4. zeitlos; 5. schuldlos

16 1. Das ist ein Missverständnis. 2. Das verstehe ich jetzt nicht. 3. Sagt man das bei Ihnen so? 4. Entschuldigung,

17 a Bild 1 ist richtig.

17 b Diese Angaben sind falsch: LKW-Fahrer: 35 Kilometer pro Stunde; Ampel war noch auf Grün. Ich war ja am Unfall gar nicht beteiligt. Mein LKW hat keinen einzigen Kratzer.
PKW-Fahrer: Der Fahrer wollte links abbiegen; Mein Wagen ist jetzt ziemlich kaputt.

18 a, b 1. Präposition: Trotz; 2. Verb im Präteritum: spielte; 3. Präposition: im; 4. Nomen im Genetiv: Wetters; 5. Konnektor: obwohl

19 a Der Buchstabe ß steht *nach langen Vokalen* und nach *eu, au, ei*.

19 b Rei**ß**verschlu**ss**, Karu**ss**ell, umgesto**ß**en, gebi**ss**en, bei**ß**enden, zerri**ss**en, wei**ß**, Schlü**ss**el, Reisepa**ss**, wi**ss**en, Pa**ss**endes, verla**ss**en, schlie**ß**en, geschlo**ss**en, Mi**ss**verständnis

Lektion 27

1 Gunter Demnig erinnert an die Opfer des Nationalsozialismus. Sineb El Masrar veröffentlicht ein Magazin für Migrantinnen. Ute Bock engagiert sich für Menschen, die Asyl beantragt haben. Jenny De la Torre hilft Obdachlosen, wenn sie krank sind.

2 a waagrecht: obdachlos, bedürftig, verfolgt, süchtig, unglücklich, traumatisiert; senkrecht: arm, einsam

2 b 1. Arme, Bedürftige; 2. Obdachlose; 3. Verfolgte; 4. Süchtige; 5. Traumatisierte; 6. Einsame und Unglückliche

3 der Bach 7; die Brücke 5; die Buche 3; der Fels 10; der Fluss 4; die Höhle 9; der Parkplatz 1; der Pfad 2; die Tanne 11; der Teich 6; der Wasserfall 8; der Zaun 12

4 1. vom, an der; 2. am; bis zur; 3. vom, bis zu den; 4. an der, bis zum; 5. von der Quelle, bis zum

5 1. den tiefen, die rote; 2. dem kleinen, die alte, der interessanten; 3. das große, dem lauten; 4. die grüne, den niedrigen

6 Ich gehe 1. vom Parkplatz aus, über die Wiese, durch den Wald, am Fluss entlang, um den Picknickplatz herum, bis zum Zaun. 2. von der Höhle aus, über die Straße, durch den Bach, am Teich entlang, um die Wiese herum, bis zur großen Tanne. 3. vom Wasserfall aus, über die Brücke, durch den Park, am Spielplatz entlang, um den See herum, bis zur Höhle. 4. von der Haltestelle aus, über den Spielplatz, durch den Felsengarten, am Bach entlang, um die Buche herum, bis zum Seerosenteich. 5. von der Quelle aus, über die Felsen, durch den Tunnel, am See entlang, um den Parkplatz herum, bis zur Brücke.

7 a Nominativ: der Mann, der Herr, die Männer, die Herren
Akkusativ: den Mann, den Herrn, die Männer, die Herren
Dativ: dem Mann, dem Herrn, den Männern, den Herren
Genetiv: des Mannes, des Herrn, der Männer, der Herren

7 b 1. den, hübschen, jungen; 2. den dunkelhaarigen Jungen; 3. neuer; 4. einen attraktiven Nachbarn; meinen Kollegen; 5. meinen Nachbarn, deinen Kollegen; 6. neuer

8 Umweltskandal, Fabrik, entdeckt, besichtigten, fanden, Chemiefässer, Bürgermeister, schockiert, beweisen, Sondermüll, Umwelt, belasten

9 1. wurde geweckt; 2. wurdest angerufen; 3. wurde organisiert; 4. wurden informiert; 5. wurdet angesprochen; 6. wurden durchgesetzt

10 a 5, 4, 2, 6, 3

10 b 1. Bevor die ersten Kunden begrüßt wurden, wurden Anzeigen aufgegeben. 2. Bevor die Anzeigen aufgegeben wurden, wurden die Regale eingeräumt. 3. Bevor die Regale eingeräumt wurden, wurden die Kisten ausgepackt. 4. Bevor die Kisten ausgepackt wurden, wurden die Bücher geliefert. 5. Bevor die Bücher geliefert wurden, wurden die Wände gestrichen. 6. Aber zuallererst wurde das Geschäft gemietet.

11 2. Wurde der Dieselmotor von August Oetker entwickelt? Nein, Rudolf Diesel entwickelte ihn. 3. Wurde die Relativitätstheorie von Rudolf Diesel entdeckt? Nein, Albert Einstein entdeckte sie. 4. Wurde der Kaffeefilter von Albert Einstein erfunden? Nein, Melitta Benz erfand ihn. 5. Das Backpulver machte August Oetker bekannt.

12 a von oben nach unten: 3, 5, 8, 4;   6, 7, 2, 1

12 b (1) Es gab einen Kampf (2) und das Opfer bracht tot zusammen. (3) Die Polizei wurde informiert und (4) die Waffe (wurde) gefunden. Bereits nach zwei Tagen (5) wurde der Täter gefasst, aber (6) der Verbrecher wollte die Polizei bestechen. Schließlich (7) fand der Prozess statt, in dem (8) der Verbrecher verurteilt wurde.

13 Der Gärtner könnte vielleicht den Schmuck gestohlen haben. Die Nichte könnte eventuell die Polizei bestochen haben. Die Kinder könnten sich möglicherweise rächen. Das Opfer könnte vielleicht laut geschrien haben. Die Polizei könnte zuerst eine falsche Person verfolgen. Die Täterin könnte Fingerabdrücke hinterlassen / hinterlassen haben.

14 Zeitung: die Schlagzeile, die Journalistin, die Innenpolitik, das Wetter, der Sport, die Nachricht, die Meldung, der Verlag

Buch: der Bestseller, der Autor, der Verlag, der Roman, der Klappentext

15 a 2, 3, 1, 5, 4

15 b 1b, 2b, 3b, 4a, 5a

16 a, b 1. Indikativ: wird; 2. Passiv Präteritum: wurde aufgestellt; 3. Dativ: Einem jungen österreichischen Studenten; 4. Genitiv: des schlechten Wetters; 5. Präposition mit Dativ: vom, zum

17 ff: die Öffentlichkeit, die Waffe, offenbar; ll: die Quelle, der Fall, herstellen, eventuell, illegal
mm: der Baumstamm, einsammeln, zusammenbrechen; nn: die Erinnerung, die Innenpolitik
ss: der Fluss, das Selbstbewusstsein, der Prozess, hinter den Kulissen, nicht alle Tassen im Schrank haben

Lektion 28

1 1. … lächle sie an. 2. …, klopfe ich an. 3. …, halte ich die Tür auf. 4. … melde ich mich … zu Wort.

2 a 1. ▫ Ja, gern. Wo ist denn das Problem?
2. • Wann beginnt das Konzert eigentlich? ▫ Weißt du das denn nicht?
3. • Hast du denn gestern Maria getroffen? ▫ Ja, und unsere Verabredung war wirklich toll!

2 b 1. mal; 2. denn; 3. einfach; 4. denn; 6. ja; 7. doch, schon; 8. halt

3 1. Nachrichten; 2. Dokumentationen; 3. Werbespots; 4. Talkshows, Serie, Sendungen

4 1. sollen … verreist sein; 2. sollen … gegeben haben; 4. soll … sein; sollen … besuchen; 6. soll … bekommen haben

5 2. lieber; 3. ein größeres Bild, einen besseren Ton, eine interessantere Atmosphäre; 3. gemütlicher

6 richtig: 1b, 2b, 3a

7 1. Je häufiger man fernsieht, desto weniger Zeit hat man für andere Dinge. 2. Je mehr Programme es gibt, desto schwerer ist die Auswahl. 3. Je länger man fernsieht, desto schlechter schläft man. 4. Je teurer das Fernsehgerät ist, desto besser ist die Qualität.

8 1. …, aber die Leute kaufen mehr als sie brauchen. 2. Man lernt zwar neue Marken kennen, aber durch die Werbung werden die Produkte teurer. 3. Die Werbung sichert zwar Arbeitsplätze, aber sie beeinflusst unser Kaufverhalten. 4. Mit dem Geld aus der Werbung kann man das Programm verbessern, aber bei den Privatsendern gibt es zu viel Werbung. 5. Man kann zwar in der Pause Getränke holen, aber die Werbung unterbricht spannende Filme.

9 Bürgerinitiative, Tatsache, Rücksicht, Benachteiligung, Einwand

10 1. Stimmt genau! Das denke ich auch. 2. Da bin ich anderer Meinung. Das stimmt gar nicht. So kann man das nicht sagen. Glauben Sie das wirklich? Das sehe ich anders. 3. Ich verstehe Ihren Standpunkt, aber… Sie haben zwar Recht, aber andererseits …

11 a falsch: 2. nehmen; 3. machen; 4. genommen; 5. annehmen; 6. abgenommen

11 b Kritik üben, Kritik akzeptieren, Kritik äußern, mit Kritik umgehen, Kritik abwehren

12 1b, 2d, 3c, 4e, 5a

13 1. Tim rasiert sich, ohne das Waschbecken zu putzen. 2. Er geht schlafen, ohne das Licht auszuschalten. 3. Er geht einkaufen, ohne die Pfandflaschen mitzunehmen. 4. Er feiert eine Party, ohne danach das Wohnzimmer aufzuräumen. 5. Er fährt mit meinem Auto, ohne den Benzintank wieder aufzufüllen.

14 2. …, statt die Kunden zu bedienen. 3. …, statt mit den Kollegen über das Problem zu sprechen. 4. …, statt noch einmal nachzufragen. 5. …, statt seinen Fehler zuzugeben.

15 1. statt … zu; 2. ohne … zu; 3. statt … zu; 4. Je … desto; 5. ohne … zu; 6. zwar … aber; 7. statt … zu 8. zwar … aber; 9. Je … desto; 10. zwar … aber

16 b 1. …, warum sprechen Sie so akzentfrei Deutsch? 2. Das heißt, Sie hatten keine Probleme wegen Ihrer Sprache und Herkunft? 3. Können Sie beide Sprachen gleich gut? 4. Haben Sie nach dem Abitur studiert? 5. Sind denn die Deutschen wirklich so pünktlich, ordentlich und organisiert?

17 a, b 1. Präposition: von; 2. Konnektor: Als; 3. Verb im Infinitiv: sein; 4. bestimmter Artikel: die; 5. Präposition: Ohne; 6. Pronomen: er

18 Baustelle, ent**sch**uldigen, Vorstellung, Computer**s**piel, **sp**annend, Aufstieg, be**sch**uldigen, **S**peisekarte, Roll**stuhl**, **St**ellenanzeige, unver**st**ändlich, **Sp**aziergang, Zuschauer, An**sp**rache, ge**st**alten, **sp**ät, Kli**sch**ee, **st**ark, **Sp**ruch, **st**ören, **St**adtverwaltung, **st**reiten

Lektion 29

1 1. Stolz; 2. Freude; 3. Erleichterung; 4. Neugier; 5. Angst; 6. Hoffnung

2 Stadttor, Rathaus, Fassaden, Gasse, Ufer, Brücke, Kirche, Palais, Museum, Synagoge

3 1. Bis es ein Unwetter gab, war es schrecklich heiß. Seit es ein Unwetter gab, ist es kühl geworden. 2. Bis ich Urlaub habe, habe ich schrecklich viel zu tun. Seit ich Urlaub habe, ist mir langweilig. 3. Bis Jan ein eigenes Auto hat, fährt er mit dem Auto seines Vaters. Seit Jan ein eigenes Auto hat, muss er alle Kosten selbst tragen. 4. Bis Ana die Prüfung macht, muss sie noch viel lernen. Seit Ana die Prüfung gemacht hat, bewirbt sie sich um bessere Jobs.

4 Ich besichtigte die Stadt. – Ich hatte die Stadt besichtigt.
Du hast es interessant gefunden. – Du hattest es interessant gefunden.
Die Stadt wuchs zusammen. – Die Stadt war zusammengewachsen.
Wir haben den Stadtführer gelesen. – Wir hatten den Stadtführer gelesen.
Ihr habt euch amüsiert. – Ihr amüsiert euch.
Die Touristen kamen. – Die Touristen waren gekommen.

5 1. Nachdem wir am Bahnhof angekommen waren, fuhren wir ins Hotel. 2. Nachdem wir das Zimmer bekommen hatten, wollte Gerd sofort den Chef treffen. 3. Nachdem ich mich umgezogen hatte, suchten wir die Firma. 4. Nachdem der Chef uns begrüßt hatte, stellte er uns den Kollegen vor. 5. Nachdem wir uns verabschiedet hatten, fanden wir das Hotel nicht mehr. 6. Nachdem wir ein paar Bier getrunken hatten, leisteten wir uns mit dem letzten Geld ein Taxi.

6 war gezogen; studierte; hatte begonnen; wollte; eingelebt hatte, fühlte; gewarnt hatten, lernte; konnte; freute, konnte; gemacht hatte, setzte, fuhr; war, freute

7 1. wie; 2. als; 3. als; 4. wie; 5. als

8 1. Der Urlaub war langweiliger, als ich es mir vorgestellt hatte. 2. Das Angebot klang besser, als es war. 3. Ich mag solche Abenteuerurlaube nicht so gern wie meine Freunde. 4. Es regnete so oft, wie ich es erwartet hatte. 5. Es wurde früher dunkel als bei uns. 6. Deshalb habe ich mehr geschlafen, als ich (es) geplant hatte.

9 1. Du wirst viel Geld haben. 2. Das Kind wird eine wunderschöne Frau werden. 3. Dornröschen wird einen reichen Mann heiraten. 4. Deine Eltern werden sehr stolz sein. 5. Du wirst dir an deinem 15. Geburtstag in den Finger stechen und sterben. 6. Du wirst nicht sterben, aber du wirst 100 Jahre schlafen.

10 1. Nostradamus prophezeite, dass es im Jahr 2011 zahlreiche Katastrophen geben wird. 2. Die Krake Paula sagte voraus, dass Spanien bei der Fußball-WM 2010 siegen wird. 3. Die Maya verkündeten, dass die Welt am 21. Dezember 2012 untergehen wird. 4. Mein Horoskop verspricht mir, dass ich einen guten Job bekommen werde.

11 1b, 2a, 3b, 4a

12 a 1. werdet; 2. werde; 3. werden; 4. wird; 5. wirst; 6. werden; 7. wird; 8. werden

12 b Hilfsverb für Passiv: 7; Vollverb: 2, 3, 4; Hilfsverb für Futur: 1, 5, 6, 8

13 a -isch: bürokratisch, energisch, optimistisch, ausländisch; -ig: einmalig, holprig, zufällig; -lich: gesetzlich, ungewöhnlich, restlich

13 b 1. bürokratische; 2. optimistisch; 3. einmalige; 4. holprigen; 5. gesetzliche, ausländischen; 6. restlichen

14 a C – D – A – B

14 b 1. Dolmetscher; 2. übersetzen; 3. Sprachen, Muttersprache; 4. freiberuflich, Aufträge; 5. Gehalt; 6. Computer

15 a, b 1. Konnektor: seit; 2. Futur I: wird; 3. Präposition: Seit; 4. Plusquamperfekt: hatte; 5. Passiv: wird; 6. Präposition: bis

16 Bereits 10 Prozent der Menschen, die in Österreich leben, kommen aus Deutschland. Damit sind die Deutschen die größte Ausländergruppe in Österreich. Es wird aber erwartet, dass die Zahl in Zukunft gleich bleibt. Sie kommen, weil es in Österreich gute Jobs gibt. Außerdem glauben sie, dass sie keine neue Sprache lernen müssen. Es gibt aber oft sprachliche Probleme, denn die Österreicher sprechen doch ein „bisserl" anders. Was bitte ist gemeint, wenn die Kassiererin im Supermarkt fragt, ob man ein „Sackerl" will?

Lektion 30

1 1. Ansicht; 2. Rücksicht; 3. Einsicht; 4. Aussicht; 5. Absicht

2 1. Vermutlich wird er bald in Rente gehen. 2. Wahrscheinlich wird er später studieren. 3. Vielleicht wird sie Mechanikerin werden. 4. Ich vermute, dass sie im Ausland arbeiten wird. 5. Eventuell werden sie heiraten. 6. Sicher wird er im Herbst in die Schule gehen.

3 1. Über Facebook hat Thessa zu ihrer Party eingeladen. 2. Aus Versehen hat sie die Einladung öffentlich gemacht. 3. In ihrer Geburtstagsnacht bekommt sie nichts von dem Trubel mit. 4. Aus Angst vor den Folgen ist sie nämlich zu ihren Großeltern gefahren.

4 1. Wann hat er Deutsch gelernt? 2. Warum hat er Deutsch gelernt? 3. Wie hat er Deutsch gelernt? 4. Wo hat er Deutsch gelernt?

5 1. Die Dozentin ist auch bei Regen mit dem Fahrrad zum Kursort gefahren. 2. Sonja und Andrej haben sich bei jeder Gelegenheit am Automaten einen Kaffee geholt. 3. Jan hat den Kurs nach zwei Monaten wegen persönlicher Probleme frustriert abgebrochen. 4. Carl und Fatih sind manchmal nach dem Kurs zusammen in die Bibliothek gegangen. 5. Maria wurde einmal aus Versehen im Kursgebäude eingeschlossen.

6 a 1. Gedanke; 2. Turm; 3. Bremse; 4. verlassen; 5. erleichtert; 6. Schicksal; 7. überholen; 8. Strecke; 9. erschrecken; 10. spüren; 11. Name des Lehrwerks: Aussichten

6 b Nomen: der Gedanke, der Turm, die Bremse, das Schicksal, die Strecke; Verben: überholen, erschrecken, spüren; Adjektive: verlassen, erleichtert

7 1. Weil sein Vater Pfarrer war, durfte er in der DDR nicht die Oberschule besuchen.
2. Deshalb ging er 1958 auf ein Internat in Westberlin.
3. Da 1961 die Berliner Mauer gebaut wurde, konnte er die Schule nicht abschließen.
4. Er arbeitete als Montagearbeiter, Kellner und Buchhändler, bis er 1964 in einer Abendschule das Abitur nachmachte.
5. Er konnte an der Filmhochschule nicht studieren. Darum begann er ein Philosophiestudium in Leipzig.
6. Er schloss das Studium 1971 in Berlin ab und wurde im selben Jahr als Dramaturg angestellt.
7. 1983 wurde Christoph Hein, der schon als Kind gern geschrieben hatte, im Westen mit dem Roman „Drachenblut" bekannt.
8. Er ist sowohl Dramatiker als auch Erzähler und Essayist.

8 1. Gesundheit; 2. Partnerschaft; 3. Familie; 4. Freundschaft; 5. Beruf; 6. Geld

9 Nomen: die fast Achtzigjährige, die Marktverkäuferin, die Dorfbewohnerin
Personalpronomen: sie (4x), ihr
Possessivpronomen + Nomen: ihr Obst und Gemüse, ihr Mann, seine Frau

10 dort: im Nationalpark
Dabei: Während sie (zu Fuß, mit dem Mountainbike oder auf Skiern) unterwegs ist, …
Dazu: Zu dieser / ihrer Arbeit gehört auch …
Das alles: Die Arbeit im Park und die Betreuung der Kinder …

11 a 1. an; 2. darum; 3. an, an; 4. auf; 5. darüber; 6. von; 7. von

11 b + Akkusativ: sich erinnern an, sich bemühen um, sich halten an, ankommen auf, sich aufregen über;
+ Dativ: schuld sein an, halten von, erwarten von

12 a 1. zusammenbinden; 2. verraten; 3. herausfinden; 4. überholen; 5. wahrnehmen; 6. sich durchsetzen; 7. benachrichtigen

12 b 1. Sie bindet sich die Haare mit einem Gummiband zusammen. 2. Er verrät das Geheimnis. 3. Wir finden schnell die Lösung heraus. 4. Der Radfahrer überholt den Porsche. 5. Sie nehmen die Chance wahr. 6. Maria setzt sich mit ihrer Idee tatsächlich durch. 7. Das Brautpaar benachrichtigt die Familie nicht.

12 c 1. Sie hat sich die Haare mit einem Gummiband zusammengebunden. 2. Er hat das Geheimnis nicht verraten. 3. Wir haben die Lösung schnell herausgefunden. 4. Der Radfahrer hat den Porsche überholt. 5. Sie haben die Chance wahrgenommen. 6. Maria hat sich mit ihrer Idee tatsächlich durchgesetzt. 7. Das Brautpaar hat die Familie nicht benachrichtigt.

13 a B, G, A, D, F

13 b Mia wird bald gehen. Max muss Mathematik nachlernen. Lukas hat vor, viel Zeit mit der Familie zu verbringen. Lisa plant, als Sprechstundenhilfe zu arbeiten. Annette und Max werden vielleicht zu Besuch kommen / die Vogels besuchen.

14 a 1A, 2E, 3C, 4F, 5D, 6B

15 1. Glück; 2. Spiel, Lektion 28; 3. schwierig, Lektion 21; 4. Belohnung, Lektion 22; 5. Offenbar Lektion 27; 6. wichtig, Lektion 23; 7. Entschluss, Lektion 26; 8. , weil, Lektion 29; 9. Spannendes, Lektion 25